JN115479

みんな政治でバカになる

綿野恵太

晶文社

装丁　寄藤文平＋古屋郁美（文平銀座）

はじめに

本書のタイトルは「みんな政治でバカになる」である。

「バカなんて許せない！」とイラッとした人も多いかもしれない。しかし、ちょっと待って欲しい。本は読まれなければ、意味がない。人間は「理性」よりもまず「感情」が反応することがわかっている。「バカ」という乱暴な物言いで、あなたの「道徳感情」に訴えかけて、本書を手に取ってもらったわけである。

ところで、「許せない！」という「道徳感情」は政治に大きな影響を与えることがわかっている。「思想」や「利益」以上に「道徳」に基づいて私たちは政治を判断するようなのだ。しかも、「道徳感情」は私たちに「バカ」な言動を引き起こさせる原因でもある。

二〇二〇年のアメリカ大統領選で民主党のジョー・バイデンが共和党のドナルド・トランプに勝利した。トランプは選挙に不正があったとして票の再集計を求め、その翌年にはトランプの勝利を信じる支持者たちが国会議事堂を襲撃し、多数の死傷者を出した。

ドナルド・トランプが小児性愛者の秘密結社と闘うヒーローだという「Qアノン」と呼ばれる陰謀論が流行した。驚いたことに、日本においてもバイデンの当選をフェイクニュースだと唱える人びとがいた。

なぜフェイクニュースや陰謀論が後を絶たないのか。それは私たちがバカだからだ。もう少し正確にいうと、私たちには人間本性上「バカ」な言動をとってしまう傾向がある。しかも、この傾向は政治がかかわるとさらにひどくなる。注意して欲しいが、これは「民衆は愚かだ」と決めつける愚民思想ではない。専門家や知識人といった知的能力が高い人でさえ、「バカ」な言動をとってしまうからだ。

認知バイアスゆえにバカげた言動をする

「二重過程理論」という認知科学の有力な仮説がある。人間の脳内には「直観システム」と「推論システム」という異なる認知システムがあるという説である。図にまとめたように、ふたつの認知システムにはさまざまな呼称がある［図1］。本書では読者がぱっと見てわかりやすい「直観システム」「推論システム」を採用する。

「直観システム」は、経験や習慣に基づいて直観的な判断をくだす。非言語的・自動的・無意識的であるため、素早く判断できる。しかし、間違いも多い。その間違いには

論者	システム1	システム2
ビッカートン	オンライン思考	オフライン思考
エプスタイン	経験的システム	合理的システム
エヴァンス	ヒューリスティック処理	分析的処理
エヴァンス＆オーヴァー	暗黙思考プロセス	明示思考プロセス
エヴァンス＆ウェイソン	タイプ1プロセス	タイプ2プロセス
フォーダー	モジュール型プロセス	中央プロセス
ジョンソン＝レアード	暗黙の推論	明示的推論
ハイト	直観システム	推論システム
特性	連想的	規則にもとづく
	全体論的	分析的
	並列的	直列的
	自動的	制御型
	負荷が少ない	負荷が大きい
	速い	遅い
	文脈に依存	文脈から独立

図1　ふたつのシステムの名称と特徴

出典：吉川浩満『人間の解剖はサルの解剖のための鍵である』

一定のパターン＝「認知バイアス」がある。

「推論システム」は言語的・意識的な推論をおこなう。「直観システム」に比べて間違いは少ないが、時間や労力を必要とする。ざっくりいうと、「直観システム」と「推論システム」は「感情」と「理性」と言い換えられるかもしれない。

すでにおわかりかもしれないが、「許せない！」という「道徳感情」は「直観システム」に当てはまる。「直観システム」は非常に重要な認知機能である。それなしでは私たちは日常生活を営めない。しかし、一定の間違いのパターン＝認知バイアスがある。専門家や知識人といった知的能力の高い人でも、「認知バイアス」ゆえに「バカ」な言動をとってしまう（ジャン＝フランソワ・マルミオン編『「バカ」の研究』田中裕子訳、亜紀書房、二〇二〇年）。

池谷裕二『自分では気づかない、ココロの盲点』（朝日出版社、二〇一三年）はクイズ形式で認知バイアスを学ぶことができる良書だが、ここから「政治」に関係する「認知バイアス」をざっと書き出してみよう。

◆**後知恵バイアス**　生じた出来事について「そうなると思った」と後付けする傾向

◆**確証バイアス**　自分の考えに一致する情報ばかりを探してしまう傾向

◆**現状維持バイアス**　「いままで通りでよい」と変化を好まない保守的な傾向

◆**公正世界仮説**（世界は公正にできているから）失敗も成功も自ら招いたものだと因果応報や自己責任を重視すること

◆**自己奉仕バイアス**　成功したときは自分の手柄だと思い込み、失敗したときは自分に責任がないと思う傾向

◆**システム正当化**　たとえ一部の人に不利益があろうとも、現状を正当化したくなる傾向

◆**ステレオタイプのバイアス**　人種や性別や職種などの付加情報があると、その典型

的なイメージに引きずられて記憶が歪められること

◆**正常性バイアス**　非常事態への対応を避けたがる傾向

◆**生存者バイアス**　成功者には注目するが、その背後に多くいるはずの敗者や犠牲者には注意を向けない傾向

◆**ダニング＝クルーガー効果**　無能な人ほど（無能がゆえに自分の無能さに気づかず）自己を高く評価する傾向

◆**敵対的メディア効果**　自分の信念に沿わない報道は誤解や偏見に満ちているように感じる傾向

◆**同調圧力**　少数派が暗黙のうちに多数派の意見に迎合すること

◆**内集団バイアス**　仲間や家族を優遇する傾向。誕生日や名前が同じというだけでも仲間意識は生まれる

◆**バックファイア効果**　自分の考えに合わないことに出会ったとき、これを否定しつつ、自分の考えにさらに固執してしまう傾向

◆**フレーミング効果**　同じ情報であっても置かれた状況によって判断が変わること

◆**利用可能性ヒューリスティック**　事例を容易に思い出せるというだけで「正しい」と判定してしまう傾向

（池谷裕二『自分では気づかない、ココロの盲点』）

あなたの周りにこんな人はいないだろうか。会議では多数派にすぐに同調する（同調圧力）。経営者のビジネス書を読んで憧れを抱いている（生存者バイアス）。自分は優秀なのに正しく評価されていないと感じている（ダニング＝クルーガー効果）。転職したいと思いながら、会社にズルズルと居続けている（現状維持バイアス）。

もちろん、これらのケースで不利益を被るのは自分一人だ。しかし、政治になると話は別である。ニュースや新聞を見ても、自分の考えをなかなか変えようとしない（確証バイアス）。むしろ、最近のメディアは偏向報道ばかりだと怒っている（バックファイア効果、敵対的メディア効果）。少子高齢化、人口減少、貧困、格差社会、気候変動といった社会問題は知っているが、いまのままでよいと思っている（現状維持バイアス、システム正当化）。さまざまな危機が予測されているが、なんとなく大丈夫だろうと楽観視する（正常性バイアス）。

注意すべきは、認知バイアスによって知的能力が高い人でも「バカ」な言動をとってしまうことだ。「自分の信念を裏付ける情報だけを集める」という「確証バイアス」があるが、「認知能力が優れている人ほど、情報を合理化して都合の良いように解釈する能力も高くなり、ひいては自分の意見に合わせて巧みにデータを歪めてしまう」ことが指摘されている（ターリ・シャーロット『事実はなぜ人の意見を変えられないのか――説得力と影響力の科学』上原直子訳、白揚社、二〇一九年）。

そして政治に大きく関係するのが、内集団バイアスである。「あいつら」＝自らが所属しない集団（外集団、他集団）よりも、「われわれ」＝自らが所属する集団（内集団、自集団）に無意識的な選好を持つ傾向である。たとえば、白人の担当者が就職面接をすると、同じ白人の候補者が合格しやすくなる。また、「われわれ」に比べて、「あいつら」を過度に一般化し、事実とは異なるステレオタイプに当てはめる傾向がある（外集団同質性バイアス、ステレオタイプ化）。このような内集団バイアスは幼少期から確認されていて、たとえば三歳児は自分と同じ人種の顔を好むことがわかっている（ニコラス・クリスタキス『ブループリント――よい未来を築くための進化論と人類史（上・下）』鬼澤忍、塩原通緒訳、ニューズピックス、二〇二〇年）。

内集団バイアスは「われわれ」に忠誠を尽くすだけではない。注意すべきは、「われわれ」と「あいつら」との「差」にすごく敏感なことだ。自集団と他集団に報酬を割り振る実験をおこなったところ、自集団が得る総額を最大にするよりも、自集団と他集団が得る報酬の「差」が最大になるように選択する傾向があった。つまり、どちらの集団にも利益がある「ウィン-ウィン」の関係を目指すのではなく、「われわれ」が少し損をしても、もっと「差」が開くように「あいつら」を蹴落とすことを好むのである（クリスタキス『ブループリント（下）』）。

私たちは仲間かどうかを直観的に判断し、自分の仲間だと認めたものをひいきしてしまう。このような傾向は「部族主義」と呼ばれる。近年の政治状況は「部族主義」を掻き立てている。だから、「みんな政治でバカになる」というタイトルは文字通りに受け取って欲しい。

ほとんどの人が政治的無知＝バカである

くわえて問題なのは、ほとんどの人が政治的に無知＝バカである、ということだ。

たとえば、二〇一四年にロシアがウクライナのクリミア半島に侵攻した際、アメリカでは軍事介入すべきか、という議論が起こった。しかし、ワシントン・ポスト紙の調査によると、ウクライナの位置を地図上で示すことができたのは、六人中一人しかいなかった（トム・ニコルズ『専門知は、もういらないのか――無知礼賛と民主主義』高里ひろ訳、みすず書房、二〇一九年）。しかも、ウクライナから離れた場所を示した人ほど、アメリカの軍事介入を支持する割合が高かった。

そのほかにもこんな例がある。アメリカの共和党支持者の四五パーセントが「バラク・オバマは合衆国で生まれたのでないから、大統領になる資格がない」と思っていた。たいして民主党支持者の三五パーセントが「ジョージ・ブッシュ大統領が9・11同時多発テロの攻撃を事前に知っていた」と信じていた（イリヤ・ソミン『民主主義と政治的無知――小さな政府の方が賢い理由』森村進訳、信山社、二〇一六年）。多くの人が政治を正しく判断できるほどの知識を持っていないのである。このような政治的無知はアメリカだけでなく、日本においても見られるという。

むかしに比べて教育制度は充実している。知能指数（IQ）も上昇している。インターネットで情報も簡単に手に入るようになった。にもかかわらず、政治についての知識は低いままなのだ。その理由は単に人びとが愚かだからではない。政治について学ぶ意欲を持てないからだ。法哲学者のイリヤ・ソミンによれば、私たちが選挙で投票しても、自分の一票が選挙の結果を左右することはほぼない。そのため、私たちは政治的な知識を獲得する努力をしない（「合理的無知」）。たとえば、二〇二〇年の東京都知事選挙の有権者数は一一二九万二二九人であった。もし東京都民であれば、あなたの意見は一一二九万二二九分の一に過ぎないわけである。投票しようがしまいが、結果は変わらない。であれば、趣味や仕事に時間を使ったほうがいい、となる。

くわえて、政治を判断するために必要な知識量は膨大になっている。政府の活動は多岐にわたる。いくつもの省庁に分かれ、テレビの国会中継を見ればわかるように、担当大臣でさえ把握できないほど、政策は細分化している。個々の政策を正しく理解しているのは、専門家や官僚といった一部のエリートだけだろう。しかし、そのエリートでさえも、自分の精通する分野以外は素人同然となる。

ただし繰り返すが、ここで言いたいのは「民衆は愚かだ」と決めつける愚民思想ではない。ほとんどの人が政治について無知＝バカであるのは事実である。しかし、その理由は政治に興味を持てないからだ。政治に興味を持てないのは、自らの意思が政治に反映されない無力感のためである。そのような無力感を生んでいるのは現在の政治制度にほかならない。つまり、私たちは単に愚かなのではない。「環境」によって政治的無知＝バカになっている。

私たちは人間本性上バカな言動をとってしまう。くわえて、ほとんどの人が政治について無知＝バカである。いわば、「人間本性」によるバカ（認知バイアス）と「環境」によるバカ（政治的無知）とがかけ合わさった「バカの二乗」である。これがフェイクニュースや陰謀論が後を絶たない理由である。とはいえ、「やはり民衆は愚かだ」とシニカルに冷笑するつもりはない。私もバカのひとりでしかないからだ。しかし、そのいっぽうで、バカとして居直るつもりもない。自らのバカさを認めるには、自分を客観視できる程度のシニカルさは必要だと思っている。むしろ、重要なのは、バカとシニカルのあいだなのだ。そして読者の皆さんもそのあいだを進んで欲しい、と思っている。本書がその一助になれば幸いである。

目次

第1章・大衆は直観や感情で反応する

第2章・幸福をあたえる管理監視社会

第3章・よき市民の討議はすでに腐敗している

第4章・ポピュリズムは道徳感情を動員する

第5章・もはや勉強しない亜インテリ

第6章・部族から自由になるために

あとがき

第1章

大衆は直観や感情で反応する

大衆は自らの生活にしか興味がなく、政治に関心がない

私たちには認知バイアスゆえにバカな言動をとる傾向がある（人間本性）。くわえて、ほとんどの人が政治について無知＝バカである（環境）。戦後最大の思想家」と呼ばれた吉本隆明の「大衆」は、このような「バカの二乗」を表したものだった。

吉本隆明には「大衆の原像」という有名な言葉がある。ざっくりいうと、吉本はあるがままの大衆＝「大衆の原像」を思想に取り入れなければならない、と主張した。そして「おまえらの思想は「大衆の原像」を無視している」と論敵たちを批判してきた。しかし、吉本隆明の「大衆」はその定義が極めて曖昧である。実際、吉本は「大衆の存在様式の原像」は「どんなに汲みとろうとしても、手の指からこぼれおちてしまうもの」と言っている（「情況とはなにか」『吉本隆明全著作集13』勁草書房、一九六九年）。「大衆の原像」は捉えがたいもので、それゆえに吉本だけがその内容を勝手に決めることができる。吉本に批判された論敵たちは反論のしようがない。つまり、無敵の概念なのである。

とはいえ、吉本隆明の「大衆」は曖昧であっても、いくつか共通した特徴がある。まず「大衆」は自らの生活にしか興味がない。たとえば、「魚屋さんならば魚を明日どうやって売ろうかというような問題しかかんがえない」と言われている（「自立の思想的拠点」『吉本隆明全著作集14』）。つまり、「生活のくりかえしのなかでおこってくる問題のみをかんがえる」のであ

る。また、有名な例として、一九六〇年の安保闘争で国会を包囲するデモ隊にアンパンを売る「アンパン屋」がある（安保闘争において全学連を支持した吉本は、既成左翼＝共産党を商売のためにアンパンを売っている男よりも「愚劣」だと罵倒した。「擬制の終焉」『吉本隆明全著作集13』）。

つまり「大衆」は自らの「生活」にしか興味がなく、政治に関心がない。もしくは「生活」を維持するのが精一杯で、政治について考える時間を持てない。その根底には、自らの意思は政治に反映されない、という疎外感や無力感がある。注意すべきは、大衆は単なる無知な存在ではないことだ。魚屋であれば魚屋を営むためのノウハウや知識があるように、「生活」に必要な知識は備えている。たとえ啓蒙や教育が行き届いても、政治への無力感が解決されない限りは政治的に無知＝バカなままである。

大衆は理性的な市民になれない非合理な存在である

また「大衆」は、近代において理想とされた「市民」たりえない存在である。吉本隆明の「大衆」は時代によって変化する。ざっくりいうと、一九六〇年代以前は近代化されない封建制の残りと考えられた。高度経済成長をへた一九八〇年代以降は流行を追いかける消費者とされている。

自分のことは自分で決める。近代社会において自立的・自律的な個人が理想とされた。他者や環境に依存せず独立し（自立的）、その影響を受けずに自分自身をコントロールできる（自律的）。世界を正しく認識し（認識的合理性）、自らの目的を達成するため最適な行動を起こす（道具的合理性）。そして、その目的が本当に正しいものかどうか、を考える合理的な存在である（メタ合理性）。このような合理的な個人が、「市民」として理性的な対話を通じてさまざまな問題を解決するのが、「市民的公共性」と呼ばれる領域である（コミュニケーション的合理性）。

しかし、人間はとうてい合理的な存在とはいえない。あとで詳しく述べるが、このことを示す研究が近年増えてきた。人間は他者や環境に依存し、他者や環境の影響を受けやすい。その結果、非合理的な選択をしてしまう。だが、逆にいえば、人間はそもそも非合理な存在だからこそ、教育や啓蒙の必要が説かれ、自立的・自律的で合理的な個人が目指されてきた（一ノ瀬正樹「非合理性と合理性の伸縮」『現代哲学のキーコンセプト　非合理性』リサ・ボルトロッティ、鴻浩介訳、岩波書店、二〇一九年）。このような観点から見ると、吉本隆明の「大衆」とは人間の非合理性をデフォルトとする議論だったといえる。

大衆は理性や論理ではなく感覚や本能によって反応する

では、吉本の「大衆」はどのようなものか。たとえば、吉本隆明は政治学者の丸山真男を「市民主義知識人」や「日本のリベラルな知識人」の典型として批判している。吉本によれば、丸山にあるのは「大衆嫌悪」である。丸山は「中和的なもの、あいまいなもの、論理により整序できないもの、感覚的なもの、本能的なもの」を嫌悪するが、そこには「大衆にたいする嫌悪」が隠されている（「丸山真男論」『吉本隆明全著作集12』勁草書房、一九七二年）。そのために「大衆の仮構のイメージをこしらえている」という。

吉本によれば、「市民主義者」や「日本のリベラルな知識人」は第二次世界大戦における「大衆」を見ようとしない。「大衆」は戦争中に日本軍兵士として「残虐行為」や「蛮行」をおこなった。そして、戦争が終わると、アメリカ軍に徹底抗戦をすることなく、また支配層を打ち倒す革命も起こさず、自らの「生活」のために郷里に帰っていった。知識人から見れば、「大衆」は予想もつかない理解不可能な行動をとる。このような「大衆のアモルフ（＝無定形）」に直面することを避けるため、丸山をはじめとした「日本のリベラルな知識人」は、ありもしない西欧を理想化し、日本の近代化の不足を批判する。これが吉本の主張である。

また別の箇所では吉本隆明は大衆の思考を「感覚的な論理の短絡」と呼んでいる。吉本は小説家の中野重治について次のように延べている（「中野重治」『吉本隆明全著作集7』勁草書房、一九六八年）。中野の詩や小説では「反吐が出る」といった快や不快を示す表現がよく見られる。その感覚は「生活の事実に強いられて生きてきた生活者の意識にねざしている」。このような「感覚的な論理の短絡」は中野重治の「うごかしえない美質」でもあるいっぽうで、限界でもある。文学者や芸術家は「生活者」の「感覚的な現実把握」を「論理的な現実把握まで昇華させ」る必要がある、と。

ここでは吉本の読解が正しいかどうかは検討しない（丸山真男を市民社会論者として捉えるのはややバイアスがある）。「大衆」の特徴だけに注目する。まとめると、「大衆」には「理性」や「論理」とは異なる「感覚」や「本能」的な思考がある。それを「大衆の原像」としてつかめれば、知識人や市民主義者にとって予測不可能な「大衆のアモルフ（＝無定形）」を解明できる。そして、興味深いのは、知識人や市民主義者においても、その根底には「大衆」＝「生活者」的な部分があることだ。

大衆は直観システム、市民は推論システムに当てはまる

「大衆のアモルフ（＝無定形）」はいまでも繰り返し語られる。たとえば、日本はアメリカの属国であるにもかかわらず、「大衆」は日本人としての誇りを持って立ち向かわない。東日本大震災直後にはデモが行われたが、「大衆」はいまや原発問題になんら興味を持っていない。選挙のたびに投票率の低さが問題視され、選挙結果に知識人が落胆する。このような大衆の理解不能な行動に直面すると、「民衆は愚かだ」と決めつける愚民思想が語られる。しかし、いまや大衆の感覚的・本能的思考はある程度解明できるのではないか。

すでに紹介したように、認知科学の有力な仮説として二重過程理論がある。人間には非言語的・自動的・無意識的な「直観システム」と言語的・意識的な「推論システム」という二つの認知システムがある。大衆の本能的・感覚的思考とはまさに「直観システム」ではないだろうか。そして、「市民主義者」や「知識人」は言語的・意識的な「推論システム」を重視するあまり、大衆の行動が理解不能だったのではないか。しかし、市民主義者や知識人であっても、「大衆」的な部分（「直観システム」）を持っている。

このように考えれば、吉本隆明の「大衆」が、近代化に取り残された「封建制」から、市場経済に親しむ「消費者」に変わったことも説明がつく。日本は欧米に比べて遅れており、近代化する以前の封建制が残っている、と言われた。それが「大衆のアモルフ（＝無定形）」の原因とみなされた。そのため、日本が近代化されれば、大衆＝封建制の残りは一掃されるはずだった。しかし、日本が高度経済成長を遂げて、教育制度が充実しても、人びとは理性的な「市民」として成熟することはない。流行を追いかける「消費者」となっている。それは「教育」や「啓蒙」ではどうしようもできない「人間本性」があるからではないか。後で詳しく述べるが、消費社会は多くの商品を「消費」させるために大衆の本能的・感覚的思考を刺激する。

「はじめに」で紹介したように、私たちは認知バイアスゆえに「バカ」な言動をしてしまう

（人間本性）。そして、ほとんどの人が政治について無知＝バカである（環境）。吉本隆明の「大衆」とはこのような「バカの二乗」をとらえたものだった。

理性的な市民が対話をおこなう市民社会

さて、ここまで「市民」という言葉を何となく使ってきた。「市民社会」において「市民」は理性に基づく対話を通じてさまざまな問題を解決する。「市民社会」は civil society の訳語であるが、日本では独自に受容されてきた。その過程をなるべく簡単に紹介しておこう（以下の記述は植村邦彦『市民社会とは何か――基本概念の系譜』平凡社新書、二〇一〇年を参考にしている）。

一六世紀から一八世紀にかけて civil society はアリストテレスの『政治学』における「国家共同体」の訳語として使われていた。一九世紀になるとドイツの哲学者ヘーゲルが civil society の訳語「bürgerliche Gesellschaft」を「国家ではない経済的社会」という意味合いで用いた（植村、前掲書）。そしてマルクスはヘーゲルの用法を受け継ぎつつ、「市民社会」を「資本主義社会」という言葉に置き換えている。

日本語における「市民社会」は、マルクスの「bürgerliche Gesellschaft」の訳語として登場したため「資本主義社会」の意味合いで用いられた。このようなマルクス主義を介した受容が日本語の「市民社会」に独特のニュアンスを与えることになる。一九二〇～三〇年代に日本のマルクス主義内で「日本資本主義論争」が起こった。日本共産党の主流派を形成した「講座派」と非共産党系の「労農派」による革命戦略をめぐる論争である。「講座派」は日本が資本主義の一般的な発展から外れ、前近代の封建制が残っているとして、プロレタリア革命以前のブルジョワ革命がまず必要だと主張した（「二段階革命論」）。たいして、「労農派」は日本において資本主義は十分に発展しているとして、二段階革命論を批判してプロレタリア革命を訴えた。

「講座派」の考えが日本語の「市民社会」に独特のニュアンスを与えた。つまり、「ヨーロッパの資本主義発展が「自由・平等・独立的個人」を持った「市民社会」を生み出したのに対して、〔…〕日本には「資本主義社会」は存在するのだが、ヨーロッパのような意味での「ブルジョア社会＝市民社会」にはまだなっていない」という考えである（植村、前掲書）。そして、第二次世界大戦後、講座派の影響を受けた内田義彦や平田清明といった「市民社会派マルクス主義者」が登場する。彼らは「市民社会」という言葉を西欧をモデルにした「人々が相互に尊重し合い、理性にもとづいて対等に対話を行うことを通じて、公共問題を自主的に解決していこうとする社会」という意味合いで用いた（梶谷懐、高口康太『幸福な監視国家・中国』ＮＨＫ出版新書、二〇一九年）。その後、丸山真男門下の政治学者松下圭一がさらに展開させて、「市民」を「自由・平等で理性的な個人」という西欧の目指すべき人間像として用いることになる（植村、前掲書）。

国家でも経済でもない市民社会

そして、現在の「市民社会論」の主流となったのは、一九九〇年代の冷戦終結による東欧諸国の自由化を背景に登場した、ドイツの哲学者ユルゲン・ハーバーマスの「市民社会論」＝市民的公共性論である。ハーバーマスは civil society を Zivilgesellschaft というドイツ語に翻訳し次のように説明している。Zivilgesellschaft にはヘーゲル－マルクス的な「bürgerliche Gesellschaft」＝「経済社会」という意味はなく、「自由な意思にもとづく非国家的・非経済的な結合関係」を意味する。言い換えると、「政府」や「企業」とは異なる「結社」（アソシエーション）である。たとえば、教会、サークル、学術団体、討論クラブ、市民フォーラム、同業組合、労働組合、政党、NPOやNGOなどだ。つまり、ハーバーマスのいう「市民社会」とは「公共的な討論」に参加する「世論を形成する諸結社」＝市民団体の総称である（ハーバマス『公共性の構造転換――市民社会の一カテゴリーについての探究』細谷貞雄、山田正行訳、未來社、一九九四年）。興味深いのは、ハーバーマスの「市民的公共性」論が、日本独自の展開を遂げた「市民社会論」の「更新版」として紹介されたことだ。どちらも「自由・平等で理性的な個人」＝「市民」が前提になっているように思われる。

ところで、ハーバーマスは「消費者」の登場によって「市民的公共性」が失われたとみなしている。ハーバーマスによれば、一七世紀に新聞や雑誌といったジャーナリズムが発達し、カフェやサロンで「論議する公衆」(ブルジョワ)が理性的な討議をおこなった(ハーバーマス『公共性の構造転換』)。しかし、このような「市民的公共性」はジャーナリズムが商業化し、テレビやラジオといったマスメディアが発達するにつれて失われた。その結果、「公共性なしに論議する専門家たちから成る少数派」と「公共的に受容する一方の消費者たちの大衆とへ分裂し」てしまう。「討論そのものもショーとして定型化され」たばかりか、「宣伝工作」によって世論(公論)は操作される、と。やはり、ハーバーマスにおいても政治さえも「消費」してしまう「大衆」が問題視されている。

フェミニズムは他者へのケアを強調する

人間はそもそも非合理な存在だからこそ、合理的な個人であることが目指された。そのため市民社会論者は西欧を目指すべき社会と示すことで、人びとに合理的な個人であるように求めた。しかし、そのような理想化は人間の非合理性すなわち大衆の本能的・感覚的思考を見逃すことになる。もしくは、「大衆のアモルフ[無定形]」を嫌悪するあまり、合理性を押し付けている。これが吉本の批判であった。

吉本隆明の「大衆」に改めて注目したのは、人間の非合理性をデフォルトとする議論が近年増えてきたからだ。ここでは、フェミニズム、当事者研究、アーキテクチャ論をとりあげよう。

たとえば、近年流行するフェミニズムは「ケア」に注目し、人間が他者や環境に依存し、その影響を受けやすいことを強調する。俗に「てめえのケツはてめえで拭け」という言い方がよくされる。「自分のやった行為の責任は自分で取る」という「自己責任」を意味する。ここには「排泄行為を自分自身で始末できるのが、責任ある大人として当然だ」という価値観がある。逆にいうとそれができないものへの蔑み（さげすみ）が感じられる表現でもある。

しかし、人間の一生を考えてみてほしい。生まれてすぐの赤ん坊の頃はもちろんだし、年老いて寝たきりになれば、オムツを穿くことになる。一生のうちに誰かに世話になる場面は必ず存在する。いうまでもなく、病気や障害があれば、世話にならないことはより一層難しくなる。

また、母親が育児をすべきだ、といまだによく言われる。保育、看護、介護の労働者は女性の割合が高い。歴史的に見ても、誰かをケアする役割は女性が担わされてきた。「てめえのケツはてめえで拭け」という言葉は、環境や他者から独立する自立的な個人が理想とされている。つまり、健康な成人男性が前提とされ、私たちが他者に依存して生きているという

「ケア」の関係が忘れられている。フェミニズムをはじめ、このような「ケアの倫理」を重視する議論が増えている（岡野八代『フェミニズムの政治学――ケアの倫理をグローバル社会へ』みすず書房、二〇一二年）。

当事者研究は、自律／依存を転倒させる

当事者研究とは、これまで治療や研究の対象とされた当事者が、同じ悩みや苦しみを持つ人たちとともに、自らの症状や障害について研究をおこなうものだ。ソーシャルワーカーの向谷地生良（むかいやちいくよし）らが設立した「浦河べてるの家」で二〇〇一年に始まった。ここでは、依存症の研究を見てみよう。

　アルコールやギャンブルに依存するひとは意志が弱く、自分自身をコントロールできない、と一般的に思われている。しかし、依存症者は虐待の経験があり、人間不信に陥っているケースが多い。依存できる人間が周囲にいないため、アルコールやギャンブルに深く依存してしまう。たいして、自立的・自律的な個人は誰にも依存せず、意志が強いと考えられている。しかし、実際は依存できる人や物をたくさん持ち、一つひとつの依存先への負担が少ないために依存していないように見える。

　つまり、依存症者は意志が弱いのではなく、「他者に依存してはいけない！」という考え

を強く持っている。そんな依存症者に「意志を強く持て！」と迫ることは逆効果となる。実際、アルコール依存症の自助グループでは「自己決定や自己コントロールを行なう能動的かつ近代的な主体から降りること」が目指されるようだ（熊谷晋一郎「自己決定論、手足論、自立概念の行為論的検討」田島明子編『「存在を肯定する」作業療法へのまなざし』三輪書店、二〇一四年／熊谷晋一郎「「当事者研究」の視点から見えてくる〈わたしらしさ〉のよりどころ」▼URL）。ここでは従来の自律／依存の価値観が転倒されている。

アーキテクチャ論は環境に注目する

二〇〇〇年代に注目が集まった「アーキテクチャ」論は、人間がいかに環境に依存し、その影響を受けるか、を強調するものだった。批評家の東浩紀は、教育や訓練によってルールを内面化させる「規律訓練型権力」から、環境（アーキテクチャ）をデザインすることで人々の行動をコントロールする「環境管理型権力」への移行を指摘した（東浩紀、大澤真幸『自由を考える――9・11以降の現代思想』NHKブックス、二〇〇三年）。たとえば、ファーストフード店で客の回転率を上げるために長時間座りにくくした硬い椅子や、野宿者が身体を横にできないように仕切りをつけたベンチがよく知られる。

私たちは「環境」に左右される。それゆえ「環境」を自ら整えることで、自分自身をコン

▶ https://wired.jp/2020/03/20/hints-for-the-futurist-kumagaya/

トロールしている。寝坊しないように目覚まし時計をセットする人は多いはずだ。私たちは自分の睡眠さえ完全にコントロールできない。哲学者のアンディ・クラークによれば、私たちはあまり賢くない「生物的な脳」の能力を高めるために「デザイナー環境」を構築している。「人間の思考と理性」は、「物質的な脳、物質的な身体、そして複雑な文化的・技術的環境の間のループする相互作用」から生じている（アンディ・クラーク『生まれながらのサイボーグ――心・テクノロジー・知能の未来』丹治信春監修、呉羽真、久木田水生、西尾香苗訳、春秋社、二〇一五年）。つまり、環境をデザインすることで自分自身を合理的に振る舞えるようにコントロールしているわけだ。しかし、そのことを私たちはしばしば忘れてしまう。文章を書くときに手の筋肉やキーボードをあまり意識しない。私たちの脳や身体に「環境」が適応すればするほど「透明」になるからだ。自分自身をコントロールできる自律的な個人が幻想であることをアーキテクチャ論は示している。

たいして、病気や障害を抱えた人が生きづらさを感じるのは、「環境」が健康な成人男性向けにデザインされているからではないか。このように当事者研究も、自らの脳や身体に注目することで「環境」を問い直したといえる。二〇〇〇年代にかけて注目を集めた当事者研究やアーキテクチャ論は、その議論の方向性はもちろん異なる。しかし、いずれも人間が他者や環境に依存し、その影響を受けることを示してきた。

私たちは中途半端な能力を持っている

私たちは自立的・自律的な個人ではない。他者や環境に依存し、その影響を受けやすい。そのためしばしば非合理な選択をしてしまう。社会学者の稲葉振一郎によれば、「現実の人間はともすれば弱く傷つきやすく、十分な「徳」を備えてはいない、かといって全く「徳」を欠いているわけでもない、そのようなあいまいな存在なのだ、という問題」に注目が集まっている（稲葉振一郎『AI時代の労働の哲学』講談社選書メチエ、二〇一九年）。「徳」とはよさ生を実現するための生まれついての能力や、教育や訓練で獲得される性質である。つまり、私たちは中途半端な能力しか持たないのである。このような問題が現れたのは、従来の近代的な市民像（男性・白人・健常者）から周辺化されてきた、性的マイノリティ、障害者、高齢者や動物に関心が集まっているためだという。このようななかで「徳倫理」が流行している。

たとえば、政治哲学者のアラスデア・マッキンタイアが挙げられる。マッキンタイアはアリストテレスなどの徳倫理を再評価しつつ、「礼節と知的・道徳的生活を内部で支えられる地域的形態の共同体を建設すること」を主張する「コミュニタリアン」であった（アラスデア・マッキンタイア『美徳なき時代』篠﨑榮訳、みすず書房、一九九三年）。しかし、近年の『依存的な理性的動物』（高島和哉訳、法政大学出版局、二〇一八年）では「ケアの倫理」への注目を受けて「依存」のための「徳」を強調している。つまり、勇敢さといった男性的な「徳」を称揚し、女性や奴隷を「徳」を欠いた存在とみなしたアリストテレスを批判し、傷つきやすく他者に依存せざるをえないのが人間であり、他者に気前よく与え、そして気兼ねなく受け取る、という「依存」の徳を身につけなければならない、と主張している。

さて注目すべきは、アリストテレスが人間を「ポリス的動物」としてとらえ、人間の「本性」から「善」を考察したように、マッキンタイアも人間を一種の動物とみなしている点である。人間とイルカやチンパンジーといった知的動物のあいだには「ただ一本の境界線が引かれている」のではなく、両者はともに「連続的なスケールないしはスペクトル」のうえに位置しているのだと。たしかに、ゾウ、シャチ、チンパンジーといった霊長類は高い知能を持ち、社会性を持つことも明らかになっている。

ところで、稲葉振一郎はこのような徳倫理の復興に次のような懸念を示している。

〔…〕近代の達成を踏まえた上で、それが取りこぼしたものを拾うためのアリストテレスやその他古典的な発想の復興が目指されている一方で、その陰で、あからさまに人間を序列付ける発想の密輸入もまた、知らず知らずのうちに進行しているのではないでしょうか。人間と動物の連続性と対等性を強調するその返す刀で、人間と動物の間に存する差異と本質的には同様の（ただ程度において小さいだけの）差異を、人間同士の中に発見しようとする視線が、形成されつつあるのではないでしょうか?

（稲葉振一郎『AI時代の労働の哲学』）

人間と動物を「連続的なスケール」で捉える視点として、進化心理学があげられる。「平等」や「自由」といった理念は、人間が小さな集団で生活するという進化の過程で獲得された「道徳感情」が基盤となっている（この点は後述する）。著述家の橘玲は、チンパンジーといった群れで生活する動物にも「平等」や「自由」を重んじる「道徳」が見られることを挙げて、このような「進化論的な基礎づけ」のある「正義」は「チンパンジーの正義」にすぎない、と述べている（『これからのリバタリアニズム』ウォルター・ブロック『不道徳な経済学——転売屋は社会に役立つ』橘玲訳、早川書房、二〇二〇年）。たしかに私たちには動物やロボットに似た側面があることがわかっている。かつてのように近代的な市民像（自立的・自律的で合理的な個人）を前提とするわけにはいかない。いまや、新たな人間像の構築が求められる「ポストヒューマン」的な状況である。

新しい人間像を再設定しつつ、政治を考えなくてはいけない

ところで認知科学者のパスカル・ボイヤーによれば、人間の脳には事物を「人物」「動物」

「植物」「人工物」「自然物」といった「存在カテゴリー」に分類する仕組みがある。神話や昔話には「しゃべる木」や「動く死体」が登場するが、このような「存在カテゴリー」の「違反」は人々の記憶に残りやすいと考えられている（パスカル・ボイヤー『神はなぜいるのか？』鈴木光太郎、中村潔訳、NTT出版、二〇〇八年）。

哲学研究者の木島泰三はボイヤーの議論を応用して、新たな人間像を構築する際に「ボイヤーが整理した存在カテゴリーの中の「人」カテゴリーに収められていた対象を、反省も見直しもなしに、「物」ないし「人工物」のカテゴリーにただ移し入れるだけの作業」がおこなわれていると指摘する（木島泰三『自由意志の向こう側』講談社選書メチエ、二〇二〇年）。たとえば、「人間」は「動物」でしかない、私たちは「ロボット」に過ぎないのだ、と暴露する言説である。しかし、それは「しゃべる木」や「動く死体」が私たちの記憶に残りやすいように、「直観システム」を刺激する話法でしかない、というわけである。

進化心理学や脳科学の知見によって「人間本性」が明らかになりつつある。また「ケアの倫理」や「アーキテクチャ」論への注目によって、人間が素朴な「存在カテゴリー」に収まらなくなっている。木島がいうように、「直観システム」の自動反応に流されることなく、科学的な知見を踏まえたうえで「人間」をあらためて構築する必要がある。そして、新たな「人間」像のうえに政治や制度がつくられる必要がある（とはいえ、その前段階として、人びとの注意を集めるために「直観システム」を刺激する必要もあるわけだが)。

すでに紹介した二重過程理論をはじめ、行動経済学や進化心理学は「人間本性」に対する新しい知見である。もちろん、これは単なる遺伝的決定論ではない。近年、人間の進化の過程において「文化」が果たした役割に注目が集まっている。遺伝的な傾向が社会的な環境=文化をつくり上げ、その環境=文化からのフィードバックによって、さらなる遺伝的な進化を遂げたと考えられている。また、文化は遺伝的傾向を押さえ込んだり、うまく利用して別の方向に差し向けたりできる。だからといって、私たち人間が遺伝的傾向から完全に自由になることはない。

社会学者のニコラス・クリスタキスは、数々のコミューンや社会実験の失敗を検討したうえで、私たちの遺伝的傾向とかけ離れすぎた社会や制度は立ち行かなくなる可能性が高いと指摘している(クリスタキス『ブループリント』)。たとえば、イスラエルの人工的なコミュニティ「キブツ」では、子供は生みの親から切り離されて、同世代の子供たちだけで寮生活をする、という「集団育児」が試みられた。親類が親代わりを務める「集団育児」は多くの文化で見られるが、キブツのような極端な「集団育児」はあまり見られなかった。結局、『キブツ』の「集団育児」は失敗し、「核家族的家庭」で子供が育てられたという。クリスタキスによれば、私たちは血縁関係を持つ子供に愛着を持ちやすい傾向がある。実際、血縁関係が薄くなればなるほど、子供への虐待やネグレクトの割合が上昇する（継母は実母と比べて子供を殺害する割合が二倍となり、血縁関係のない大人と暮らす子供が事故で死ぬ確率は、そうでない場合に比べ一〇倍を超える）。

さて、行動経済学や進化心理学はいまやビジネス書を通じて広く知られている。本書ではこれらの「人間本性」の知見を活かして、現代の政治状況を考えてみたい。まずその手がかりとなるのが、吉本隆明の「大衆」だった。

大衆＝直観システムは利用されやすく、消費へと誘導されやすい

吉本隆明の「大衆」に注目した理由は、人間の非合理性に注目する議論だったからだ。とはいえ、吉本の「大衆」にも修正を加えなければならない。一九九〇年代に入ると吉本は消費社会を肯定したが、それは大衆が「消費者」として政治に意思表明ができるという理由からだった。経済成長によって裕福となった「大衆」は、生活必需品以外の消費を控えれば、経済を低迷させる力を持っている。政府に不満があれば、大衆は贅沢品を買い控えて、政府を「リコール」できると主張したのである（吉本隆明『超資本主義』徳間書店、一九九五年）。

当時はバブル経済が崩壊していたが、日本はいまだ豊かだと信じられていた。日本経済の長期低迷を経験した現在から見れば、吉本の提案はありえないように思える。しかし、それ

以上に吉本の提案が非現実的なのは、大衆の感覚的・本能的思考＝「直観システム」はつけこまれ、利用されやすいからである。

たとえば、大谷翔平や本田圭佑といったスポーツ選手がお酒や保険のCMによく登場する。しかし、よく考えてみてほしい。彼らの競技と商品には何の関係もない。好感度の高い有名人がCMに登場すると、私たちはその商品に対しても良い印象を持ってしまう。これは社会心理学で「ハロー効果」＝「特定の利点や欠点に目が行き、全体の印象がそれに引きずられてしまう傾向」と呼ばれるものだ（池谷『自分では気づかない、ココロの盲点』）。このように広告は消費をうながすために、大衆の本能的・感覚的な思考をうまく利用してきた。すでに説明したように、「直観システム」は素早く判断できるが、間違いが多い。間違いには一定のパターン＝「認知バイアス」がある。このような「認知バイアス」を利用して、人々の行動をコントロールできる。消費社会とは「大衆」を消費へと誘導する社会である。

では、政治における大衆の本能的・感覚的思考とはどのようなものか、具体的に見ていこう。大衆は自らの「生活」にしか興味を持たない。正しく判断できるほどの政治的知識を持たない。では、「大衆」はどのように政治を判断しているのか。多くの人は「知識」や「論理」ではなく、「道徳感情」によって判断している。

政治には衣食と礼節という二つの対立がある

「衣食足りて礼節を知る」という言葉がある。生活に不自由しなくなれば、礼儀や節度に向かう余裕ができる、という意味だ。たしかに生きるために「衣食住」を求めて殺し合ったのが人類の歴史である。生活が豊かになれば、相手と争う必要もなくなる。であれば、世界全体が豊かになれば、平和が訪れるはずだろう。

しかし、私たちは「衣食」だけでなく、「礼節」をめぐっても争う。ここでは次のように整理しよう。「衣食」とは、私たちが生存するために必要な「衣食住」であり、政治において「取り分」の問題として現れる。「礼節」とは、私たちの振る舞いから「どう生きるべきか？」という生き方にまでいたる「文化」である。「礼節」＝「文化」は民族、宗教、地域といった集団で共通している。

私たちはある集団や共同体のなかで生まれ育つ。気づいたときには一定の「礼節」＝「文化」を身につけている。「食事の時は箸を使う」などの振る舞いを覚えたからこそ、私たちは日常生活を営むことができる。しかし、「礼節」の一部には悪しき因習も存在し、私たちは反発したりする。「神を敬え」「国のために死ぬべきだ」「女は肌を見せてはいけない」などなどである。

このような「衣食」と「礼節」の区別は、法哲学者の井上達夫『他者への自由――公共性の哲学としてのリベラリズム』（創文社、一九九九年）を参考にしている。「衣食」をめぐる対立は「取り分」を分配するなど調整可能だが、「礼節」をめぐる対立はきわめて厄介だと井上は指摘している。たしかに民族や宗教の対立はしばしば大量虐殺といった悲惨な結果にいたる。また民族や宗教の「礼節」に反発するものは命を狙われる。たとえば、二〇一四年にノーベル平和賞を受賞したマララ・ユスフザイは女性の教育を受ける権利を訴えたところ、女子教育を敵視するイスラーム過激派に銃撃を受けた。

衣食住を解決しても、礼節の対立は残る

もちろん、「礼節」よりも「衣食」のほうが重要だという主張もある。たとえば、マルクス主義は市場経済における「取り分」の争いを説いた。つまり、政治とは資本家（ブルジョワジー）と労働者（プロレタリアート）の階級闘争であり、労働者が資本家を一掃しない限りその戦いは解決されない、と。そして、ロシアや中国で革命が起こり、社会主義国家が誕生した。マルクス主義には、文化や思想（上部構造）は経済（下部構造）によって決定される、という考えがある。その結果、階級闘争（取り分）に比べて、民族や宗教（礼節）の問題はあまり重要視されなかった。なかには階級闘争が終われればおのずと解決される、という楽観的な考えもあった。しかし、出版資本主義の発展が「ネーション」を生み出したことを解明したベネデ

ィクト・アンダーソンの『想像の共同体——ナショナリズムの起源と流行』（白石隆、白石さや訳、リブロポート、一九八七年）は、中国やベトナムといった社会主義諸国の「ナショナリズム」の勃興を目の当たりにした衝撃から始められている。そこでアンダーソンは第二次世界大戦以降の革命（中国革命、ベトナム革命など）がすべて革命以前の領土を継承する「国民的」＝ナショナルなものであったことを指摘している。

たいして、アメリカをはじめとする自由主義国家では、経済成長によって資本家と労働者が奪い合う「取り分」のパイ自体を大きくすることで、もしくは社会福祉を手厚くすることで、労働者が資本家を殺して奪うことを防いできた。実際、第二次大戦後の西側諸国では経済成長によって中産階級が増えたことで、「富の分配」といった「階級」や「所得」に基づく投票ではなく、生き方や女性の地位といった「社会的・文化的価値に基づく投票」が中心となったと指摘される（吉田徹『アフター・リベラル——怒りと憎悪の政治』講談社現代新書、二〇二〇年）。つまり、「衣食」＝「取り分」から「礼節」＝「文化」へと争点が移ったわけである。

もちろん、「取り分」をめぐる対立、階級の問題は存在する。市場経済は貧富の差を必ず生むし、現在の先進諸国ではグローバリゼーションの影響で中産階級が没落している。しかし、いま「取り分」＝「階級」の問題が認知のバグによって「礼節」＝「文化」の対立に置き換わっている（この点については第4章で後述する）。

リベラリズムはあらゆる礼節を制約する

くわえて、市場経済はひとつの特殊な「礼節」を生み出してきた。つまり「リベラル化」である。「商品交換は、共同体の果てるところで、共同体の他の共同体と接触する点で、始まる」とマルクスは述べている（カール・マルクス『資本論』）。市場経済は「礼節」＝「文化」が異なる「他者」との「交換」から始まる。それゆえ、市場経済が発達すると「他者」に寛容に接する、もしくは関心を払わない、というリベラルな「礼節」が必要となる。そして、リベラルな国家では他者に自らの「礼節」＝「文化」を強制することは禁じられる。

さて、「リベラル」という「礼節」＝「文化」はある意味で特殊な「礼節」＝「文化」である。さまざまな「礼節」を相対化する「礼節」である。「どう生きるべきか」という生き方に対する絶対的な答えを用意してくれない。あくまでも私たちの「自由」に任される。その結果、人生訓や処世術が書かれた自己啓発書やビジネス書が大量に読まれることになる（稲葉振一郎『「公共性」論』NTT出版、二〇〇八年）。とはいえ、絶対的な答えが見つかるわけではない。私たちは「自由」であるがゆえに常に「不安」に悩まされる。すると、ふとしたきっかけで「リベラル」な「礼節」に反発する、宗教や民族という「礼節」に心を奪われる。

一九九〇年代のはじめ、冷戦が終わると旧社会主義諸国で民族の対立が激しくなった。最も知られるのが、ユーゴスラヴィアの内戦である。井上達夫の『他者への自由』は、このような民族対立を背景に、さまざまな「礼節」＝「文化」が共存できる政治思想としてリベラリズムを位置づけ直した。当時、リベラル・デモクラシーを歴史の最終地点とみなすフランシス・フクヤマ『歴史の終わり（上・下）』（渡部昇一訳、三笠書房、一九九二年）が世界的なベストセラーになるなど、冷戦終結が自由主義陣営の勝利とみなされた時期だ。

さて井上によれば、リベラリズムにおいて「どのように生きるべきか」という生き方の問題は個人の「自己決定」に任され、さまざまな「礼節」が共存するための最低限のルール＝「正義」が設定される。具体的には「生命・安全・自己決定への自由・教育を受ける権利・人格の尊厳・平等な尊敬と配慮への権利」などだ（井上、前掲書）。だから、国家は「礼節」＝「文化」に対して中立の立場にあるわけではない。国家はあらゆる「礼節」＝「文化」を最低限のルール＝「正義」で制約するのだ。

一九九一年にソ連が崩壊した後のグローバリゼーションにおいて「リベラル」という礼節は一層強く要求された。拡大する市場経済にはさまざまな「他者」を結びつけたからだ。世界がリベラル化したとすれば、それは市場経済のおかげでもある。しかし、二〇〇一年のアメリカ同時多発テロに象徴されるように、グローバリゼーションへの反発としてイスラーム原理主義が台頭した。リベラリズムにおいては「どう生きるべきか」という生き方は自由に任される。「自由」であるがゆえに「不安」に苛（さいな）まれる。このような「不安」につけ込んだのが宗教原理主義である。たしかに宗教原理主義もまたひとつの「礼節」＝「文化」である。しかし、暴力によって改宗させたり、異教徒を殺害することは、「安全」や「自己決定の自由」といった「正義」に反するためにリベラリズムでは決して認められない。そのため宗教原理主義とリベラリズムは激しく争うことになる。

大衆は他者とは向き合えないが、無関心でもいられない

とはいえ、井上達夫が提示する「リベラリズム」に問題がないわけではない。それは、リベラルな社会を維持するために能力の高い有徳な「市民」を必要とすることだ。異なる「礼節」＝「文化」を生きる「他者」に向き合い、自らの「礼節」＝「文化」を批判的に見つめ直し、さまざまな「礼節」が共存できる政治体制に積極的にコミットする「市民」である。その前提となるのは、他者と理性的な対話を重ねることができる、自立的で自律的な個人である。たとえば、井上は次のように述べている。

> 超越的・攪乱的存在としての他者を隠蔽抑圧せず、むしろ私の価値の試金石として、安心立命を求める私の精神の惰性を揺るがす衝撃として、私のアイデンティティの問い直しと再編の触媒として、超俗孤高の構えに隠された私のひ弱な防衛的自閉性を見破るま

なざしとして、狭隘化した自我の殻から私を脱皮させ新たな成長過程に引き込む創造的破壊のモメンタムとして、要するに、私の自己超越の積極的契機として他者を受容するとき、私の自由は自己を限定する痛みを知ることによって、より大きな可能性の領野を得る。

（井上達夫『他者への自由』）

井上によれば、文化の異なる「他者」を攻撃することは「他者が触発しうる自己の解体・再編・超越の冒険に尻込みする臆病さを隠している」のであり、理想とするリベラリズムは「攪乱的な他者の需要を迫ることにより、自由に偽りなき逞しさを与える」とされる。たしかに「超俗孤高」といった漢語・熟語が多用される独特の文体はかなりの「逞しさ」を感じさせてくれる。

ここでは理性に基づく対話をおこなう「市民」が前提とされている。だが、「逞しさ」を持ったそんな能力の高い人間などどれくらいいるのか。いたとしてもごく一部のエリートだけではないか。社会学者の稲葉振一郎はこのように井上のリベラリズムを批判している（稲葉振一郎『「公共性」論』）。一九九〇年代には「島宇宙化」（宮台真司）ということがしばしば言われた。つまり、同じ価値観を持つもの同士が集まって、小さなコミュニティをつくる。他のコミュニティに関心を払わない。もちろん、一部のエリートがリベラルな社会の運営にコミットする必要はある。しかし、多くの人が「攪乱的な他者」と向き合う能力がなくても、「他者」に無関心であれば、リベラルな社会は維持できるのではないか。

さて、大衆は自らの「生活」にしか興味を持たない。であれば、異なる「礼節」＝「文化」を生きる「他者」との棲み分けが十分可能であるように思われる。たしかに人は同じ価値観やアイデンティティを共有するもの同士で集まる傾向がある。とくにこのような「棲み分け」はインターネットで顕著に見られる。しかし、そのいっぽうで異なる価値観を持つ「他者」に無関心＝寛容ではいられない。近年、ヘイトスピーチやヘイトクライムといった差別問題が後を絶たないのは、おとなしく棲み分けることさえも難しいことを示している。「大衆」は「他者」を見ると許せなくなり、なかには不安や恐怖に駆られて「他者」を排除する。つまり、「他者」と向き合う能力を持たないが、そのいっぽうで「他者」に無関心ではいられない。それが大衆の本能的・感覚的な思考なのである。

バカげた大衆を国家が全面的に管理する

歴史学者の與那覇潤はトランプ大統領の誕生の際にソ連崩壊を思い起こしたという（與那覇潤『知性は死なない——平成の鬱をこえて』文藝春秋、二〇一八年）。ソ連は多くの民族から構成された連邦だった。崩壊の原因のひとつに少数民族への優遇措置に対するロシア人の不満があったという。もちろん、アメリカがリベラリズムの理想からほど遠い国家であるのはいうまでもない。しかし、トランプ現象をはじめ欧米諸国での排外主義の台頭はさまざまな「他者」を共存させる「リベラリズム」が機能していないことを示したといえる。ここには経済的な問題が背景にある。政治学者の吉田徹が指摘するとおり、日本をはじめ先進諸国では格差が拡大し、中間層が困窮している（吉田、前掲書）。グローバリゼーションによって生産拠点が海外に移った製造業の労働者は特にきびしい状況に置かれている。それゆえ中間層が大きな支持基盤であった「リベラル・デモクラシー」が動揺している。かつて社会心理学者のエーリッヒ・フロムは『自由からの逃走』において、ドイツの下位中間層が階級没落の不安からナチスを積極的に支持したことを示したが、中間層が没落すると政治的に急進化し、「他集団を蹴落とす」ことで「自分たちの地位を維持する」傾向が生まれやすいのである（この点については第3章でも後述する）。

多くの人がリベラルな「礼節」を身につけていない現状がある。しかし、市場経済を円滑に進めるためにはさまざまな「他者」を共存させねばならない。リベラリズムにとって国家はあくまでも「必要悪」である（井上、前掲書）。そのために国家の暴力性に常に注意を促し、憲法でその権力を制約する（立憲主義）。また市場や共同体を活用して、なるべく国家の役割を最小限に押さえ込もうとする（リバタリアンやコミュニタリアン）。しかし、「他者」に無関心になれず排除する「大衆」が多く存在すると、国家が登場して取り締まる必要が出てくる。移民排斥を訴えるデモに許可を与えない、ハラスメントを禁止する法律を制定する、ヘイトスピーチを投稿した場合に刑事罰に処す……というように規制や禁止が増加する。「他者」と理性的な対話を重ねる「市民」であれば、もしくは他者に無関心＝寛容であれば、こんなことは必要ないはずだ。しかし、いまや国家が「バカ」げた言動をする「大衆」を全面的に管理している。

自分の仲間をひいきする部族主義

私たちは異なる「礼節」＝「文化」を生きる「他者」を見ると許せなくなる。「他者」に自らの「礼節」＝「文化」を強要する。それが不可能であれば、殺してしまう。「礼節」はなぜこれほどまでに厄介なのか。

この理由についてアメリカの人類学者ジョセフ・ヘンリックは次のように指摘している。「内戦の真の原因は、民族あるいは宗教の違いであって、階級や所得や政治的イデオロギーの違いではない。なぜなら、ヒトの心理はもともと、社会を民族に切り分けるようにできており、階級やイデオロギーで分類するようにはできていないからである」（ジョセフ・ヘンリック『文化がヒトを進化させた――人類の繁栄と〈文化－遺伝子革命〉』今西康子訳、白揚社、二〇一九年）。つまり、大衆の本能的・感覚的思考に原因があるわけだ。

私たちは自分の仲間かどうかを直観的に区別し、仲間だと認めたものをひいきする。このような傾向は「部族主義」と呼ばれている。一八〇万年前から一万年前に人類は狩猟採集をおこなう小さな群れで生活していた。「部族主義」は、自分たちの群れが他の群れにつけ込まれ、搾取されることを防ぐために、進化の過程で獲得された、と考えられている。私たちは他人の言葉、身振りや容貌で仲間かどうかを直観的に判断する。仲間かどうかを見分ける指標は固定されていないが、民族、人種、性別、年齢などが同じ部族を示す指標となりやすい。小さな群れで生活していた狩猟採集時代において「部族主義」は有効に機能したかもしれない。しかし、多種多様な人びとが暮らす現代社会では差別の原因となる（拙著『「差別はいけない」とみんないうけれど。』平凡社、二〇一九年）。

すでに紹介したように、「二重過程理論」において、人間には「直観システム」と「推論システム」という二つの認知システムがある。「直観システム」は非言語的・自動的・無意識的であるために素早く判断できる。「推論システム」は言語的・意識的な推論をおこなう。「直観システム」には間違いも多く、間違いには一定のパターン＝「認知バイアス」があった。そのひとつに「内集団バイアス」がある。「あいつら」（外集団、他集団）よりも、「われわれ」（内集団、自集団）のメンバーに無意識的な選好を持つ傾向である。

さて興味深いのは、ニコラス・クリスタキスが「人間が他者に対して親切であるためには、「われわれ」と「彼ら」を区別しなくてならないらしい」と述べていることだ（クリスタキス、前掲書）。人間には他人に協力し、助けようとする「利他行動」が見られる。その一方で、自分の仲間をひいきし、「あいつら」（外集団）に敵意を向ける「部族主義」がある。クリスタキスによれば、人間の進化の過程において「利他行動」と「部族主義」はそれぞれ別々にではなく、ふたつセットで登場したと考えられている。というのも、食料や資源が乏しい狩猟採集時代において、「外集団との対立に勝つために内集団の利他行動を育むことが有益だった」ためと推測されている。つまり、「利他行動」といった私たちの「道徳」は「部族主義」と深いかかわりがあるのである。

「あいつら」よりも「われわれ」の道徳を優先する道徳部族

私たちは他人の苦しみに共感し思いやりを持つ。そして、ルールを破った者に罰を与えたいと感じる。メンバーが互いに協力しない集団よりも、協力しあう集団のほうが生存において当然有利となる。道徳は「私」よりも「われわれ」＝群れを優先させる装置であった。

哲学者のジョシュア・グリーンは私たちの「道徳」においても部族主義があることを指摘している（ジョシュア・グリーン『モラル・トライブズ——共存の道徳哲学へ（上・下）』竹田円訳、岩波書店、二〇一五年)。グリーンによれば、私たちは、他集団の道徳よりも自集団の道徳を優先する「道徳部族」である。

道徳は同じ価値観を持つ集団(われわれ)の内部ではうまく機能する。いうまでもなく、「殺してはいけない」「盗んではいけない」といった道徳は私たちが共に生きるために必要なものだ。しかし、異なる道徳を持つ部族(あいつら)が登場すると途端に機能しなくなる。というのも、グリーンがいうように「ある部族の美徳は別の部族の悪徳だから」である。たとえば、日本において音をたてて麺を啜ることは一般的だが、欧米圏の人々には不快感を感じさせる。もちろん、これはささいな例でしかないが、イスラム教の預言者の風刺画を掲載したシャルリー・エブド誌へのテロ事件など悲惨な結果をもたらすケースがある。

私たちはある集団のなかで生まれ育つ。気づいたときにはある「礼節」=「文化」を身につけている。「礼節」に歯向かうものの命が狙われ、宗教や民族の対立が激しいものになりがちなのは、私たちが「道徳部族」だからである。異なる「礼節」=「文化」の「他者」を許せなくなるのは、「ある部族の美徳は別の部族の悪徳だから」である。

理性ではなくまず感情で道徳的に判断する

道徳部族の対立が厄介であるのには、ふたつの理由がある。まず道徳的な判断において

「感情」が大きな役割を果たしている。たとえば、性善説を唱えた孟子は、人間には誰しも他人を憐む感情があることを示した。孟子は次のように述べている。

> なぜ人にはみな人に忍びざるの心があるというかというと、今かりに突然幼児が井戸に落ちようとするのを見れば、だれでもはっと驚き深く哀れむ心持ちが起こって助けようとする。それは子供を救ったのを手づるに、その両親に交際を求めようとするからでもなく、村人や友人にほめてもらおうとするからでもなく、見殺しにしたら悪口を言われて困るというので救うのでもない。利害得失を考えた結果ではなく、反射的にすることだ。
>
> （宇野精一『孟子　全訳注』講談社学術文庫、二〇一九年）

孟子によれば、あらゆる人には「傷ましく思う惻隠（そくいん）の心」や「不義不善を恥じ憎む羞悪（しゅうお）の心」がある。実際に道徳的判断には「直観」や「感情」が大きな影響を及ぼす。社会心理学者のジョナサン・ハイトは被験者に次のエピソードを聞かせてその反応を分析している。

> 兄のマークと妹のジュリーは大学の夏休みにフランスを旅行をしている。二人は、誰もいない浜辺の小屋で一夜を過ごす。そのときセックスしてみようと思い立つ。二人にと

っては、少なくとも新たな経験になるはずだ。ジュリーは避妊薬を飲み、マークは念のためコンドームを使う。かくして二人は楽しんだ。だが、もう二度としないと決め、その日のできごとは二人だけの秘密にした。そうすることで、互いの愛情はさらに高まった。

(『社会はなぜ左と右にわかれるのか——対立を超えるための道徳心理学』高橋洋訳、紀伊國屋書店、二〇一四年)

兄妹はなんら法に触れることはしていない。子供ができる心配もない。ふたりが傷ついたわけでもない。しかし、このエピソードを聞かされた多くの被験者は不快感を示し、道徳的に正しくないと答える。だが、ハイトがその理由を尋ねると被験者は言葉に詰まるのだという。

この実験からわかるのは、まず私たちは道徳的判断において「直観システム」が作動し、そのあとに「推論システム」がもっともらしい理由を考えるということだ。遺伝的障害を生じやすい近親婚を避ける傾向は進化のなかで獲得されたと考えられ、私たちは近親相姦のタブーを直観レベルで避けようとする。

私たちは他人の苦しみに共感する。ルールを破ったものに怒りを感じる。そのほか、罪悪感、忠誠心や畏れを覚える。ハイトは道徳的判断を「六種類の味覚センサーを持つ舌」に喩

	適応課題	もたらされる傾向	現代で見出される例
ケア／危害	子供の保護	他者が示す苦痛に気づく、 残虐行為を批判する、 苦痛を感じるひとをケアする	社会福祉、人道
自由／抑圧	ボスへの牽制	互いに結束して、 いばり屋や暴君に抵抗し、 その支配を打ち倒そうとする	革命、反逆
公正／欺瞞	協力関係 の維持	協力関係を結ぶのに ふさわしいひとを見分け、 フリーライダーやペテン師を罰する	機会の平等、 自己責任
忠誠／背信	群れの維持	自らの集団に所属する メンバーに信用と報酬を与え、 裏切り者を罰する	ナショナリズム
権威／転覆	階層秩序 の維持	階級や地位、もしくはひとびとが その地位に見合った振る舞いを しているかどうか、に気を向けさせる	権威主義
神聖／堕落	感染の回避	グループの結束を高めるのに 必要な、非合理的で神聖な 価値を有する何かに ひとびとの労力を投資する	宗教

図2　六つの道徳基盤

出典：ジョナサン・ハイト『社会はなぜ左と右にわかれるのか』の記述をもとに再構成

えている。私たちが「甘味」「酸味」などの味覚センサーで料理を味わうように、道徳センサーには「ケア／危害」「公正／欺瞞」「自由／抑圧」「忠誠／背信」「権威／転覆」「神聖／堕落」という六つの基盤がある（道徳基盤理論［図2］）。

「ケア／危害」を例にとってみよう。私たちは他人の悲しみに共感し、その苦しみから救ってあげたいと感じる。このような「感情」は人類の進化の過程において、か弱い子供を育てるために獲得されたと考えられている。そして、「ケア／危害」の道徳基盤は政治において社会福祉の実現や人道的な支援を支持する傾向を生み出す。

たとえば、貧困問題において保守派とリベラルは議論が成立しないほど激しく対立する。それは異なる「道徳部族」の対立だからである。リベラルは社会福祉や再分配政策を積極的に支持する。それは「ケア／危害」という道徳基盤に依拠しているからである。たいして保守派は「貧困は自己責任だ」と主張する。このような主張は血も涙もないものに見えるが、「公正／欺瞞」という道徳基盤に依拠している。

共感にはさまざまなバイアスがある

大衆の本能的・感覚的思考は「道徳感情」に突き動かされている。もちろん、「道徳感情」が悪いというわけではない。すでに説明したように、私たちは道徳があるからこそ協力し合うことができる。とはいえ、「道徳感情」は「直観システム」であるために、さまざまなバイアスを受けやすい。孟子は井戸に落ちそうになった幼児のエピソードをもって、あらゆる人に「惻隠の心」があることを示した。しかし、「君子(くんし)は庖厨(ほうちゅう)を遠ざく」ということわざの由来になったエピソードを見ると、「惻隠の心」にもバイアスがあることがわかる。

斉という国の宣王が「どんな徳があれば、王者になれるか」と尋ねたところ、孟子は次のように話したという。

王様が堂の上でながめておられたとき、堂の下の道を牛を引いて通りかかった者がありました。王様が御覧になって「牛をどこに連れて行くのか」とお尋ねになったので、牛を引く者が「鐘ができましたので、血祭りにするところでございます」とお答え申し上げると、王様が「やめてくれ。牛がおずおずと罪もないのに死場所に連れて行かれるのを見てはおれん」とおっしゃる。「それでは血祭りはやめにいたしますか」と伺うと、「いや、やめるわけにはゆかん。牛の代わりに羊を使え」とおっしゃった〔…〕

（宇野精一、前掲書）

「王は牛を生贄（いけにえ）にするのをもったいなくなって羊に代えたのだ」と民は噂したが、孟子は王のおこないを褒め称えた。

「〔…〕牛を羊に代えたのは、牛は御覧になったが、羊は目前に御覧にならなかったからです。有徳の君子が鳥や獣に対する気持ちというものは、生きている様子を見ると、それが殺されるのを見るに忍びないし、鳴き声を聞くと、その肉は食べる気にならぬもの

――です。ですから、君子は料理場を遠ざけるものとされております」（宇野精一、前掲書）――

孟子は「慈悲の心は鳥獣にまでも及ぼすことができるというのに、実際、政治上の施策となると、人民に行き届かないというのは、いったいどういうわけでしょうか」と述べて、「慈悲の心」を人民にまで及ぼす政治を訴えた。

「共感」や「惻隠の心」は人間だけでなく、人間以外の生き物にまで向けられる。目の前に苦しむ「他者」がいれば、私たちは否応なく反応する。しかし、「牛の代わりに羊を生贄にせよ」と答えた王のように、目の前にいない「他者」の苦しみには極めて鈍感になる。

心理学者のポール・ブルームによれば、「共感」にはひとつに焦点を絞る「スポットライト」のような特徴があり、そのためにさまざまなバイアスの影響を受けやすい（ポール・ブルーム『反共感論――社会はいかに判断を誤るか』高橋洋訳、白揚社、二〇一八年）。たとえば、人が「共感」を寄せる際には、対象の容貌が魅力的かどうかが大きく関係する。つまり「かっこいい」「美しい」「かわいい」対象に「共感」が集まりやすい。また、統計上の死者数には鈍感となり、「数的感覚」を失いがちになる。そして、なにより、私たちは「部族主義」の影響を受けやすい。つまり、「あいつら」（他集団）よりも「われわれ」（自集団）のメンバーに「共感」を寄せてしまう。繰り返すが、「道徳感情」は「われわれ」という部族内で協力をうながす装置なのである。

熟慮すると自己利益を追求する

であれば、「直観システム」を抑えて「推論システム」を働かせれば良いかというと、そうとはかぎらない。「熟慮の悪魔」という認知バイアスがある。「じっくり思案して出した決断ほど考えが一貫せず、またモラルに欠ける傾向」のことだ（池谷、前掲書）。『自分では気づかない、ココロの盲点』では次のような実験が紹介されている。

四人の被験者にそれぞれ四〇円を配る。そのうち好きな金額を共同預金に寄付してもらう。寄付した金額は二倍になって、四等分にされて戻ってくる。四人の所持金の総額が最も大きくなるのは、全員が全額を寄付した場合である（4×40×2÷4＝80）。しかし、一人の被験者がまったく寄付せずに、三人の被験者が全額を寄付した場合は、寄付しなかった被験者が百円（40＋3×40×2÷4＝100）をゲットできてしまう。そのために被験者はいくら手元に残し、寄付するか、を思案することになる。

さて、実験の結果は、一〇秒以内に決断した人の寄付金の平均が二七円であったのに、一〇秒以上考え込んだ人は平均二一円であったという。つまり、直観にしたがえば「全体に利する行動」をとるが、熟慮すると「利己的」になるのである。

「われわれ」という同じ価値観を共有する集団の内部であれば、「直観システム」にしたがうほうがうまく行く。同じ自集団のメンバーには「共感」を寄せやすいし、「熟慮」すると自己利益を追求するからだ。とはいえ、「われわれ」の結束や協力が高まれば高まるほど、ルールを破ったものに厳しい非難や処罰が向けられる。また、異なる道徳的価値観を持つ「他者」と激しく対立することになる。そのため異なる道徳部族（あいつら）と接するときは、熟慮＝推論システムを働かせる必要がある。

エビデンスではなく部族の信念によって情報を判断する

「道徳部族」の対立が厄介となるふたつ目の理由は、部族同士の対立が事実の認識をゆがめてしまうことだ。ほとんどの科学者は気候変動の危険性を指摘している。温室効果ガスの排出がこのまま続けば、さまざまな災害の発生が懸念される。だが、アメリカの保守派はこのような「エビデンス」をいっさい認めようとせず、「地球温暖化はフェイクニュースだ」と主張する。この理由は私たちには自らが所属する集団の考えに沿った情報を信じやすい傾向があるためだ（ダン・カハン「アイデンティティ保護的認知」）。情報を判断するときには「科学リテラシーや数量的思考能力」ではなく、「所属する部族への忠誠心」が大きな役割を果たす（グリーン、前掲書）。つまり、「エビデンス」や「実証性」ではなく、「部族の信念に一致するかどうか」で情報を判断しているのだ。くわえて、陰謀論やフェイクニュースなど極端な言説を唱えたりすればするほど、「所属する部族への忠誠心」をより効果的に示すことができてしまう（スティーブン・ピンカー『21世紀の啓蒙――理性、科学、ヒューマニズム、進歩（上・下）』橘明美、坂田雪子訳、草思社、二〇一九年）。「地球温暖化はフェイクニュースだ」という主張は保守派という部族の信念になっているために、エビデンスや科学的なデータを示したとしても、彼らの考えはなかなか変わらない。もちろん、間違った情報が部族の信念にあるケースは保守派に限ったことではなく、二〇一一年の福島第一原発事故後には「鼻血が出る」といった放射線の危険性を過度に誇張する左派が多数現れた。私たちは「部族主義」ゆえにバカな言動をとってしまうのだ。

さて、ここまでの議論をまとめておこう。大衆の本能的・感覚的な思考には「部族主義」がある。それは、異なる「礼節」＝「文化」を持つ「他者」に無関心でいられず、不当な差別や排除を招く恐れがある。そして、民族や宗教といった「礼節」＝「文化」をめぐって激しい対立が起こるのは、「道徳部族」の対立だからである。「道徳部族」の対立が厄介なのは、道徳的判断において「感情」が大きな役割を果たし、事実の認識をゆがめるからだ。

だが、ここで思い出して欲しいのは、私たちは「環境」に依存し、その影響を受けやすい、ということだ。つまり、「環境」によって「部族主義」もまた増長したり、抑制したりできる。しかし、残念ながら、TwitterやFacebookといったインターネットは私たちにますます「バカ」な言動を取らせる「環境」となっている。言い換えると、私たちの大衆的な側面（直観システム）を刺激する「環境」となっている。

第2章

幸福をあたえる管理監視社会

私たちはインターネットで別々の世界を見ている

さまざまな人々が集まり、自由闊達に意見を交わす。かつてインターネットは、私たちが「他者」と出会い、対話を重ねる場として空想された。たとえば、熟議民主主義においては、議会というフォーマルな「討議」(熟議)にくわえて、このような公共の場における「討議」も重視される。このふたつの討議が組み合わさることが熟議民主主義の理想である(ユルゲン・ハーバーマス『事実性と妥当性(上・下)』河上倫逸、耳野健二訳、未来社、二〇〇二年)。

しかし、Twitter や Facebook などのSNSを見ればわかるように、私たちは同じ考えを持つもの同士で集まる傾向がある。そして、Amazonで購入履歴からおすすめの商品が表示されるように、私たちの政治信条にあったニュースがカスタマイズされる。インターネットは私たちが見たいものしか見せないのである(フィルターバブル)。熟議民主主義では、他者と理性的な討議を重ねるなかで、他者の意見を踏まえて自分の考えを修正することが重視される。しかし、インターネットではそもそも「他者」の意見を目にする機会が失われてしまう。

政治家が演説し、宗教家が説教をした広場は、私たちが「他者」と出会う場所だった。ラジオやテレビといったマスメディアはひとつの出来事を共有させ、国民という一体感をつくり出した。しかし、見たいものしか見せないインターネットはそのような機会を与えない。私たちは同じ価値観を共有する集団＝「部族」へとバラバラになる。アメリカのオバマ政権を支えた法学者のキャス・サンスティーンはインターネットが「集団分極化」を引き起こすことを指摘してきた（『#リパブリック――インターネットは民主主義になにをもたらすのか』伊達尚美訳、勁草書房、二〇一八年）。

「集団分極化」とは、同じ考えを持つものが議論すると、極端な考えの方に先鋭化する現象である。たとえば、リベラルがLGBTについて話し合うと、同性婚をより支持する。保守派が気候変動について議論すれば、地球温暖化対策に強く反対するようになる。人種、民族、性別、年齢といったアイデンティティを共有する集団においては集団分極化の可能性はさらに高くなる。同じ価値観を持つ集団での議論は自らの考えに固執し、補強する機会となってしまう。

私たちの人間本性が集団分極化の一因となる。私たちには自分の考えを裏付ける情報を信用し、自分の信念に反証する情報を無視する傾向がある（確証バイアス）。また、自分の信念に反する情報に出会うと、自分の考えにさらに固執する傾向がある（バックファイア効果）。エビデンスではなく、部族の信念に一致するかどうか、という観点から、情報を判断してしまう（アイデンティティ保護的認知）。インターネットという「環境」は私たちの部族主義をさらに増長させる。当然ながら、このような部族は激しく対立することになる。しかし、注意すべきは、共通の土俵のうえで対立するのではなく、まったく異なる別々の世界を見ている可能性があることだ。

サンスティーンは集団分極化を防ぐためにニュースサイトでは反対意見が書かれたサイトへのリンクを表示することを義務付けるべきだとしている。私たちの選択や判断は「環境」に左右されやすい。私たちが「他者」と出会う「環境」へと整備することで、「市民」として合理的な判断を促すわけだ。このような試みは実際におこなわれている。

二〇一六年のアメリカ大統領選挙でTwitterやFacebookでフェイクニュースが蔓延したことを踏まえて、二〇二〇年のアメリカ大統領選挙では次のような対策がなされた。選挙期間中のTwitterではニュース記事のリンクのついた投稿を拡散（リツイート）する際に「記事を読みましたか」という注意喚起が表示された。また、単に拡散（リツイート）するのではなく、自分のコメントをつけて拡散（引用リツイート）するように推奨された。このような対策によって、全体のリツイート数は約二〇パーセント減少し、デマの拡散を防ぐ効果があったという（▼URL）。

マイノリティによる集団分極化＝部族主義の善用

このような「集団分極化」はテロリストを生む温床になる。YouTubeで捕虜の殺害動画を配信したＩＳＩＳ（イスラム国）などは、オンライン上で孤立した集団を生み出し、メンバー

▶ https://blog.twitter.com/ja_jp/topics/company/2020/2020_uselection.html

の考えを先鋭化させ、若者をテロリストにリクルートしてきた。テロリストの指導者は「分極化の請負人」なのである。

その一方で、サンスティーンは集団分極化の利点にも言及している。たとえば、同性婚を求める運動、アパルトヘイト反対運動、公民権運動などは「集団分極化によって活気づいた」としている（サンスティーン『＃リパブリック』）。男性に比べて女性の発言は遮られやすいことが知られている。熟議や討論において発言者は対等に扱われるべきだ。しかし、会社の会議や学校のクラス会を見ればわかるように、権力や人気があるものが発言力を持つ。マイノリティは熟議や討論の場においても沈黙を強いられやすい。

たいしてTwitterやFacebookは社会的弱者を結びつけ、抑圧された体験や思いを語り合うことを可能にする。その結果、「一般的な討論では見えなかったり、黙らせられたり、やり込められたりするような理解、知識、および立場を進展させるように促す」。つまり、「集団分極化」はマイノリティを勇気づけ、エンパワーメントする効果がある。

さて、注目すべきことに、サンスティーンは次のように述べている。

多くの人が懸念、不服、傷、不安を抱えていて、他者もそういう思いを抱えていることを知る機会がないかぎり、そのことを声に出さず、また胸のうちで気持ちを整理することすらないかもしれないことも忘れないでほしい。

（キャス・サンスティーン『#リパブリック』）

サンスティーンの『#リパブリック』は、前著『インターネットは民主主義の敵か』（石川幸憲訳、毎日新聞社、二〇〇三年）を改版したものだ。興味深いのは、先に引用した箇所は改版された『#リパブリック』で新たに加筆されたことだ。

法哲学者の大屋雄裕によれば、『インターネットは民主主義の敵か』と『#リパブリック』ではサンスティーンの考えが変化している。（「民主政は可能か？」『ナッジ!?——自由でおせっかいなリバタリアン・パターナリズム』那須耕介、橋本努編、勁草書房、二〇二〇年）。『インターネットは民主主義の敵か』では「個々人の合理性を修復するためのさまざまな具体的手段」が唱えられていた。反対意見を表明するサイトへのリンクを表示する規制はそのひとつだった。「熟議民主主義」のために理性に基づく対話や討議を促す試みだった（市民的公共性）。もちろん、改版された『#リパブリック』においても「熟議民主主義」を機能させるための「環境」は断念されたわけではない。しかし、その実現に「かつてよりは相当に悲観的になっている」。先の引用文が示すとおり、理性に基づく対話がおこなわれるべき「公開の言論市場」は「弱者の発言を抑制する機能をもつもの」とさえ見なされている。

つまり、かつてサンスティーンはインターネットの「環境」を整備することで、理性的な「市民」となれるように目指した。しかし、いまやマイノリティによる集団分極化＝部族主義の活用のほうに可能性を見ている。この意味で『＃リパブリック』の原著が二〇一七年三月に刊行されたことは象徴的だった。同年一〇月にはハリウッド映画プロデューサーのハーヴェイ・ワインスタインへの性暴力の告発をきっかけに、女性差別や性暴力に抗議する運動「#MeToo」が起こった。そして、二〇二〇年の白人警官が黒人男性を窒息死させた事件をきっかけに人種差別に反対する運動「#BlackLivesMatter」が広がった。いずれもマイノリティによる集団分極化＝部族主義の活用である。

認知バイアスを利用して選択を誘導する

また、大屋はサンスティーンの変化にマイノリティによる集団分極化の活用にくわえて、ナッジの活用を指摘している。

一人ひとりが公開の言論空間に立ち、飛び交う異論に立ち向かい、必要な場合には他者の主張を受け容れながら自分にとっての合理的な見解を形作っていくという近代的モデルは、すでに彼（＝サンスティーン）のなかで忘れ去られているかのようにもみえる。

そのときその背景に、ナッジを通じて超越的な立場から人びとを操る統治者の笑顔が透けてみえないだろうか？

（大屋雄裕「民主政は可能か？」『ナッジ!?――自由でおせっかいなリバタリアン・パターナリズム』）

サンスティーンは「リバタリアン・パターナリズム」を提唱している。二〇一七年にノーベル経済学賞を受賞したリチャード・セイラーとの共著『実践 行動経済学』（遠藤真美訳、日経BP、二〇〇九年）で広く知られるようになった。行動経済学によれば、人間の選択は環境によって左右されやすい。そのため、選択の背景となる環境＝「選択アーキテクチャ」の整備が必要であると主張する。なかでも、選択する自由を許しながら、「認知バイアス」などを利用して、当人の利益となる選択に誘導する「選択アーキテクチャ」＝「ナッジ」の活用を説いている。

「ナッジ」の代表的な例として、年金の自動加入方式が知られている。「加入しないことを選択する」書類を提出しない限り、自動的に加入するルールのことだ。この方法は「現状維持バイアス」を利用したもので、加入率は劇的に上昇したという。つまり、人々に強制することなく選択の自由を残しながらも（リバタリアン）、しかし選択に介入し誘導する（パターナリズム）、リバタリアン・パターナリズムである。

「選択アーキテクチャ」には異なるふたつの方向性がある。反対意見を表明するサイトへのリンクを表示するという規制は「合理性」を回復させることを目指していた。つまり、言語的・意識的な「推論システム」を作動させるものだった。そこでは、多種多様な意見に触れ、さまざまな「他者」と理性的に話し合う「市民」が理想とされる。たいして非言語的・自動的・無意識的な「直観システム」には間違いが多く、その間違いには一定のパターン＝認知バイアスがあった。「ナッジ」は「認知バイアス」を利用して、人々をより良い選択に誘導しようとする。

市民を目指すよりも、大衆の直観を利用する

市民から大衆へ。熟議民主主義から部族主義＝集団分極化の活用とリバタリアン・パターナリズムへ。サンスティーンの変化はこのようにまとめられる。インターネットで「市民的公共性」を構築することは半ばあきらめられ、大衆の本能的・感覚的思考をどのようにうまく利用するか、に重点が置かれている。

ところで、サンスティーンがマイノリティによる部族主義＝集団分極化について述べたことは、ネット右翼にも当てはまる。ネット右翼的な言動をおこなうユーザーはインターネット全体の利用者の一パーセントにも満たない、と推測されている（辻大介「計量調査から見る「ネ

ット右翼」のプロファイル」二〇一七年)。数としてはごく少数であっても、インターネットでつながり、コミュニティを形成し、極端な方向へと先鋭化してきたのである。つまり、非マイノリティ(マジョリティ)による部族主義=集団分極化である(この点については第5章で後述する)。

二〇二一年、大統領選挙に不正があったとしてトランプ元大統領の勝利を信じる支持者たちが、国会議事堂に乱入し多数の死傷者が出た。襲撃者にはトランプが秘密結社と戦っているという陰謀論「Qアノン」の信者が含まれていた。日本でもトランプ元大統領の勝利を確信し、Qアノンを信じる人々がいた。いうまでもなく「集団分極化」のひとつである。国会議事堂が襲撃されるとTwitter社は暴力を煽動する恐れがあるとしてトランプ元大統領のアカウントを凍結した(のちにアカウントを永久停止)。バイデン新大統領の就任式では支持者の襲撃を警戒し、多くの州兵が配備された。マイノリティによる部族主義=集団分極化の活用と認知バイアスを利用したリバタリアン・パターナリズムの裏面にあるのは、このような「バカ」な言動なのではないか。そもそも良い集団分極化と悪い集団分極化はどう区別できるのか。結局は「ナッジ」によって人々を操る「統治者」が集団分極化=部族主義を選別するのだろうか。

大衆の本能的・感覚的思考が増長している。直観や感情に基づいた反応が増えて、部族主義がはびこっている。自立的・自律的で合理的な個人は半ばあきらめられている。もちろん、ナッジやマイノリティによる集団分極化といったかたちで、大衆の本能的・感覚的思考は利用できる。しかし、そのいっぽうで陰謀論やフェイクニュースも増加することになる。フェイクニュースやデマが「部族」の信念になってしまうと、もはや教育や啓蒙を通じて「エビデンス」を示しても、その考えはなかなか変わらない。その結果、「大衆」の「バカ」な言動を逐一監視せざるをえず、最悪の場合はＳＮＳのアカウント停止や州兵の展開といった物理的な排除をとらなければならなくなる。国家が全面的に大衆を管理することになる。

私たちは「人間本性」によるバカ（認知バイアス）と「環境」によるバカ（政治的無知）という「バカの二乗」というべき状態にある。いまや「大衆」の本能的・感覚的思考が全面化している。市民的公共性は衰退し、ポピュリズムが流行し、管理監視社会化が進展している。

功利主義はしばしば道徳感情に抵触する

まず管理監視社会の進展について説明しよう。

「礼節」＝「文化」をめぐる戦いが厄介なのは、私たちが「道徳部族」だからである。同じ価値観を共有する道徳部族＝「われわれ」の内部では「道徳感情」は有効に機能する。しかし、「われわれ」と「あいつら」という異なる道徳部族においては激しい対立を招いてしまう。「ある部族の美徳は別の部族の悪徳だから」である。それゆえ「他者」と理性的な対話を通じて問題を解決する「市民的公共性」はなかなか成立しない。もちろん、適切な「環境」であれば、成立することもあるが、現在の政治制度ではなかなか難しい（この点については、第3章で後述する）。

そこでグリーンは「道徳感情」をデジタルカメラの「オートモード」に喩え、異なる道徳部族が対立した場合には「マニュアルモード」へと切り替えることを提案している（グリーン『モラル・トライブズ』）。つまり、私たちの言語的・意識的な「推論システム」を活用することをすすめている。その際、最も使えるのが「功利主義」であるという。

一八〜一九世紀のイギリスの哲学者ジェレミー・ベンサムが考案した「功利主義」には三つの特徴がある（以下の記述は、児玉聡『功利主義入門——はじめての倫理学』ちくま新書、二〇一二年を参考にしている）。

1、帰結主義＝行為の正しさはその帰結によって評価される。
2、幸福主義＝行為の正しさを評価する際、人々の幸福に与えた影響を重視する。
3、総和最大化＝人々の幸福の総和が最大になることを目指す。

さて功利主義は「道徳感情」に反することが知られている。「トロッコ問題」という思考実験がある。

制御不能になったトロッコが五人の作業員に向かって進んでいる。このまま進めば、五人を轢き殺してしまう。だが、あなたはいま線路にかかる歩道橋にいて、となりには太った作業員がいる。その作業員を線路に突き落とせば、トロッコは止まり、五人の作業員を救うことができる。あなたはそのまま五人を見殺しにするか、太った作業員を突き落として五人を救うか。

「最大多数の最大幸福」を掲げる功利主義は太った作業員を犠牲にすることを選択する。しかし、ほとんどの人は抵抗を覚える。自らの手で突き落とすことに「道徳感情」が反発するからである。その一方で、功利主義には私たちの「幸福」をさまざまな指標によって数値化し、計算可能だという利点がある。それゆえ、道徳部族の立場を超える「共通通貨」になりえる、とグリーンはいう。

たとえば、グリーンは妊娠中絶問題を例に取っている。妊娠中絶をめぐって保守派とリベラルが激しく対立するのは、もはや道徳部族の対立になっているからだ。たいしてグリーンは中絶を禁止した場合と合法化した場合を比較し、どちらが社会全体の「幸福」をもたらすか、を計算すべきだとしている（グリーンは中絶を容認する結論を出している）。

エリートの功利主義と大衆の道徳感情

とはいえ、グリーンの提案にはやはり疑問が残る。人間は「道徳感情」＝「オートモード」と「功利主義」＝「マニュアルモード」を簡単に使い分けられるのか。二重過程理論において「直観システム」と「推論システム」はうまく切り変えられず、たびたび誤作動を引き起こすことが指摘されていた。

「道徳感情」＝「オートモード」と「功利主義」＝「マニュアルモード」を個人レベルで使い分けることは難しい。それは「分業」にならざるをえないのではないか。つまり、「道徳感情」＝「オートモード」にしたがう「大衆」と「功利主義」＝「マニュアルモード」を使いこなす「エリート」の「分業」である（バーナード・ウィリアムズ「植民地総督府功利主義」）。実際、私たちはすでにそのような社会を生きている。法律や制度は「社会全体の幸福を目指して構築される」いっぽうで、個々人は「信念や気まぐれ」にしたがい、好き勝手に生きている社会である（吉川浩満『人間の解剖はサルの解剖のための鍵である』河出書房新社、二〇一八年）。すでに指摘したとおり、私たちは統計上の数字としてあらわれた他者の苦しみに鈍感になる。しかし、それゆえに数字しか観ないエリートは、しばしば「道徳感情」に抵触する功利主義的な判断を簡単に下すことができる。

この意味で、進化政治学を提唱する政治学者の伊藤隆太の分析は興味深い（伊藤隆太『進化政治学と国際政治理論――人間の心と戦争をめぐる新たな分析アプローチ』芙蓉書房出版、二〇二〇年)。伊藤は第一次世界大戦のドイツやクリミア半島を併合したロシアを分析するなかで、過熱したナショナリズムによって国家の現実主義的な外交政策に支障を来したことを指摘する。伊藤はジョシュア・グリーンなどの研究を援用して次のように述べている。

移民や外国人を排斥するナショナリズムは私たちの「部族主義」の産物である。ヒトラーをはじめ煽情的な指導者は進化心理学など知らずとも、大衆の部族主義的な傾向を経験的に把握していた。だが、部族主義の利用に長けている指導者といえども、その立場上、国際情勢についての情報に触れる機会が多く、現実主義的な判断を重視する傾向がある。

戦争といった強硬的な対外政策をおこなう際、指導者はメディアを通じて大衆のナショナリズムを煽り立てる。しかし、このようなナショナリズムは部族主義(直観システム)に訴えるため、指導者が意図した以上に過熱してしまう。その結果、大衆の「ナショナリズム」を押しとどめられず、現実主義的には無謀と思える戦争に突き進んでしまう。伊藤は国際政治において「感情」や「直観」ではなく、政策がどんな結果をもたらすか、という「功利主義的」な観点に立つ重要性を強調している。

道徳的直観と功利主義の仁義なき戦い

たしかに組織のトップが現実主義（功利主義）的な判断を下すことを私たちはなんとなく知っている。たとえば、広島のヤクザの抗争を題材にした映画「仁義なき戦い」シリーズ（深作欣二監督）では、ヤクザの親分は対立相手の親分と電話で連絡を取り合う様子が描かれる。なかには自分の組員が襲撃に向かったことを教える親分もいる。襲撃が成功し、親分のタマ（命）を取ってしまえば、手打ち（和解）が難しくなるからだ。

ヤクザの親分は組の資金や人員といったコストを考えたうえで、抗争について現実主義的な判断をくだす。たいして、下っ端の組員は仲間が殺られたことへの報復、組のメンツをかけて暴走する。その結果、事態はこじれ、抗争の終結は遠のく。「仁義なき戦い」で描かれたのは、「功利主義」な判断を下すエリートと、「礼節」＝道徳感情のままに生きる「大衆」の対立である。

さて「仁義なき戦い」シリーズでは、主人公の広能昌三（菅原文太）は「功利主義」（現実主義）と「道徳感情」（仁義）のあいだで葛藤し、その結果「功利主義」的な判断を冷徹にくだす敵役の山守義雄（金子信雄）や武田明（小林旭）に敗北する。たとえ組織のトップに立つ者でも一貫して功利主義的に判断することは難しい。では、その判断の担い手を人間ではなく、ＡＩ（人工知能）に代えることはできないか。

功利主義と管理監視社会は相性が良い

中国のアリババグループが開発した「セサミクレジット」という「信用スコア」が知られている（梶谷懐、高口康太『幸福な監視国家・中国』）。税金の支払いやＳＮＳの履歴などの個人情報を収集し、ＡＩが信用度を数値化し、スコアが高ければ低金利でローンが組めたりレンタルサービス利用時の前払い金が不要になったりと、さまざまな恩恵を受けられる。中国で進展する管理監視社会化はしばしば中国共産党の独裁体制に結びつけられ、人びとを抑圧するテクノロジーとして描かれる。しかし、実際は消費者としての「大衆」のニーズに合わせて登場したサービスである。たとえば、日本でも監視カメラが登場したころ、プライバシーの侵害だという批判が起こった。だが、いまでは「安全」や「安心」を求めて多くの人がドライブレコーダーを利用している。中国の管理監視社会化も、日本と同じく人びとの欲望に応じたものである。管理監視社会化とは「自由か、さもなくば幸福か」（大屋雄裕）という問題である。一七七五年に始まったアメリカ独立戦争における有名な言葉「自由か、さもなくば死か」ではなくて、私たちは「自由」と引き換えに「幸福」を享受するのである。

さて注意すべきは、功利主義はこのような管理監視社会化を押し進める思想であることだ。法哲学者の安藤馨が指摘するように、統治思想としての功利主義において「最大多数の最大幸福」のために「諸個人の自由や自立を侵害するような統治や立法」も認められる（安藤馨「功利主義と自由」『自由への問い4コミュニケーション――自由な情報空間とは何か』北田暁大編、岩波書店、二〇二〇年)。監視テクノロジーが発達し、犯罪を事前に察知し防ぐことができれば、犯罪者を刑務所に収容せずに済む。逆に監視こそが自由を生み出すというわけである。

管理監視社会化によって市民的公共性が衰退している

梶谷は心理学者のキース・スタノヴィッチの議論を参照しつつ、管理監視社会の危険性を次のように指摘する。AIによる功利主義的な判断は「あらかじめ決められた目的を達成しようとする場合に発揮される合理性」=「道具的合理性」に過ぎない。そこでは目的自体が良いか悪いかが問われることはない。「道具的合理性」は非常に範囲の狭い限られた合理性である。たとえば、チンパンジーはバナナを手に入れるために道具を使うという点で「合理性」を持つ。また、ユダヤ人の虐殺という目的を達成すべく行動したヒトラーにも「合理性」があったといえてしまう。

しかし、人間は自らの価値観に照らし合わせて「ある行為の目的自体が正しいものかどうか」を考えずにはいられない。「道具的合理性」それ自体を問い直す「メタ合理性」があるはずだ。そして、このような「メタ合理性」を機能させる制度こそが、私たちが「市民的公共性」と呼んできたものだ。つまり、「市民的公共性」において私たちは社会がどのような

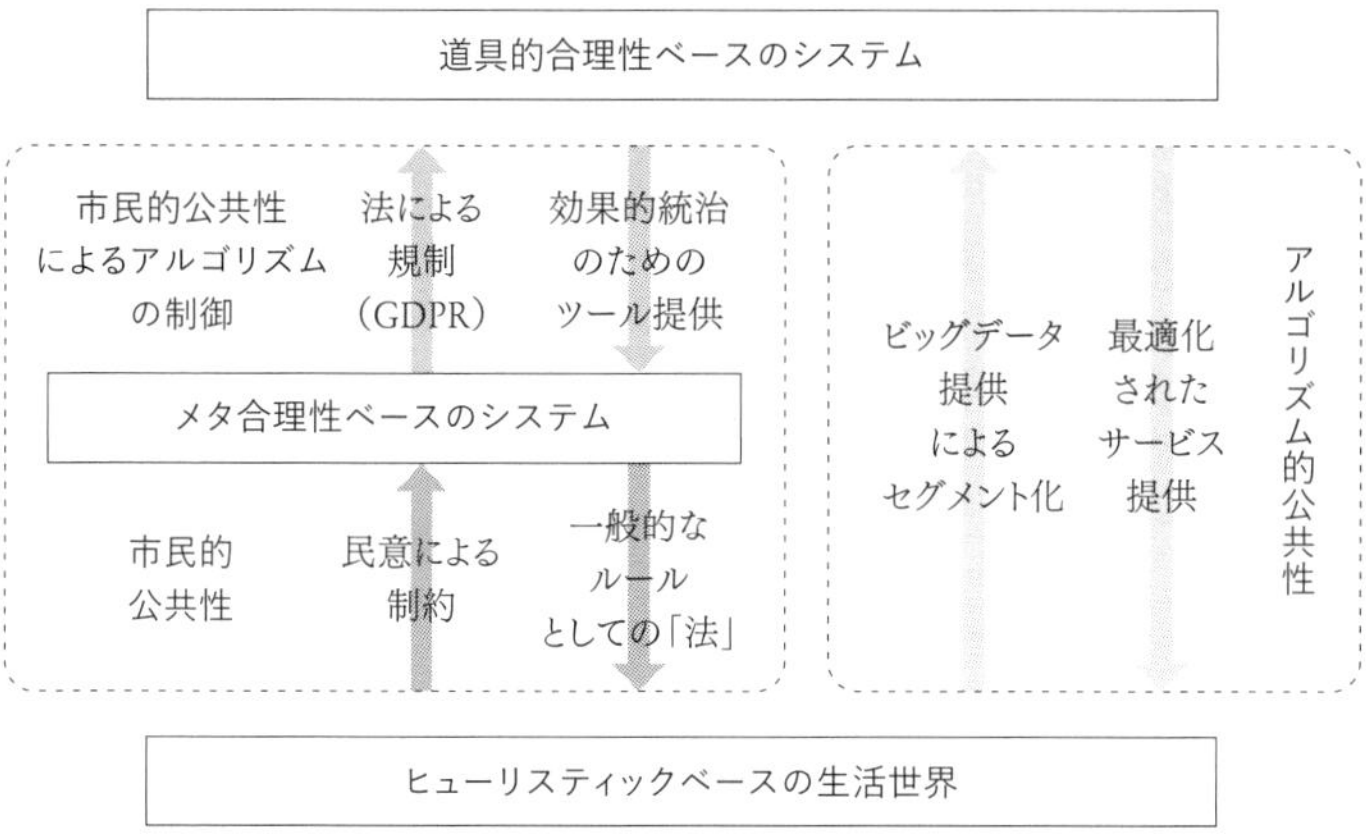

道具的合理性ベースのシステム

市民的公共性によるアルゴリズムの制御
法による規制（GDPR）
効果的統治のためのツール提供

メタ合理性ベースのシステム

市民的公共性
民意による制約
一般的なルールとしての「法」

ビッグデータ提供によるセグメント化
最適化されたサービス提供
アルゴリズム的公共性

ヒューリスティックベースの生活世界

図3　二つの合理性と公共性
出典：梶谷懐、高口康太『幸福な監視国家・中国』

目的を目指すべきかを議論するのである。

梶谷は上のような図で説明している［図3］。

下段には、「大衆」たちが「直観」や「感情」のままに生きる「ヒューリスティックベースの生活世界」があり、中段には「議会や内閣、NGO」などの「メタ合理性ベースのシステム」、上段にはAIによる功利主義といった「道具的合理性ベースのシステム」がある。図の下では直観的・情動的、非言語的で素早く判断できる「直観システム」がベースとなり、図の上にいけばいくほど、言語的・合理的な判断をおこなう「推論システム」がベースとなる。人々の行動を監視し、その振る舞いを数値化する「信用スコア」や、認知バイアスを利用して、選択を誘導する「ナッジ」は「アルゴリズム的公共性」に当たる。

西欧的な「市民的公共性」を持たない中国においては「アルゴリズム的公共性」が暴走しやすい。そのため幸福を与える管理監視社会化が進んでいる。いっぽうでEUなど西欧諸国においては、「市民的公共性」によって「アルゴリズム的公共性」を制御しようとしている。とはいえ、梶谷も懸念を示しているように、世界的に「アルゴリズム的公共性」が肥大化し、「市民的公共性」が形骸化している現状がある。

『FACTFULNESS』は功利主義の大衆的な流行？

功利主義はしばしば「道徳感情」に抵触する。しかし、功利主義的な考えは「大衆」に広く受け入れられているように見える。日本でも一〇〇万部を超えるベストセラーとなった『FACTFULNESS――10の思い込みを乗り越え、データを基に世界を正しく見る習慣』（ハンス・ロスリング、オーラ・ロスリング、アンナ・ロスリング・ロンランド、上杉周作、関美和訳、日経BP、二〇一九年）はさまざまなデータを使って「人類の進歩」を明らかにしているが、そこには功利主義的な発想が見られる。たとえば、こんな感じである。「三択クイズです。世界の人口のうち極度の貧困にある人の割合は過去二〇年でどう変化したでしょうか？」

A　約二倍になった
B　あまり変わっていない
C　半分になった

答えは「C　半分になった」。日本人の正解率は一〇パーセント、アメリカ人の正解率はわずか五パーセントしかなかった［図4］。ロスリングによれば、私たちは「本能」（直観システム）を刺激するニュースのせいで、「世界は悪くなっている」と思い込んでいる。対して、ロスリングは乳幼児死亡率、世界の平均寿命、戦争や紛争の犠牲者数といったデータを示すことで、世界が良くなっていると指摘する。そして、認知バイアスの影響を受けて事実を見誤る人々にたいして、「事実に基づく世界の見方」ができるように「推論システム」を活用せよ、と呼びかける。この背景にあるのは、人類全体の「幸福」は数値化することができ、その数値の最大化を目指すという功利主義的な発想である。

『FACTFULNESS』には次のような印象的なエピソードがある。一九八〇年代、ロスリングはアフリカのモザンビークの極度の貧困地域で医者として働いていた。マラリヤや肺炎にかかった子供たちが病院に運び込まれたが、人手も物資も不足していたため、ロスリングができたのは最低限の治療だけだった。ある日、その治療を見た友人の医師が「お前はすべての

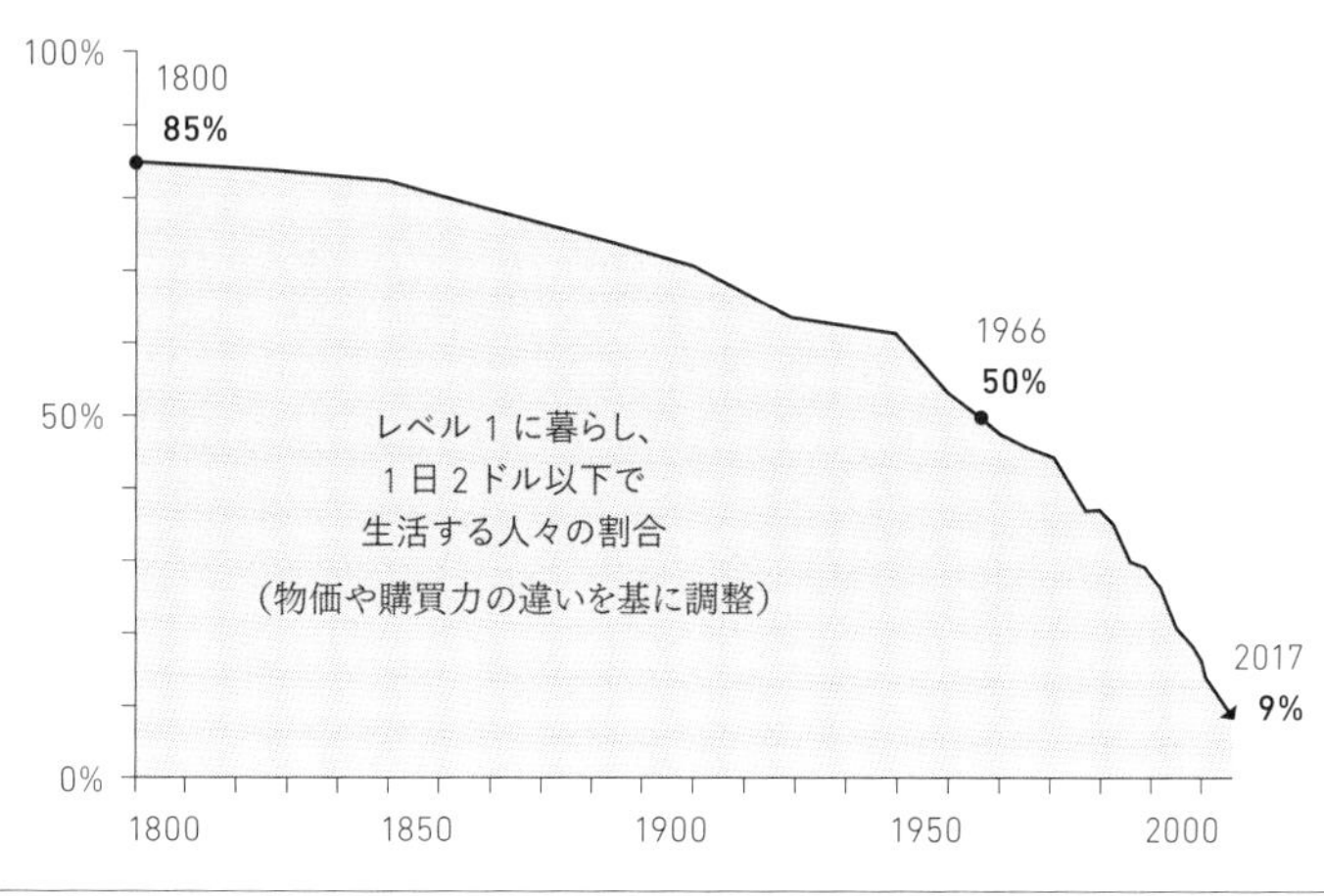

図４　極度の貧困率（1800年〜現在）
出典：ハンス・ロスリングほか『FACTFULNESS』

患者に対して、全力を尽くすべきじゃないのか！」と怒ったが、ロスリングは「限られている時間と労力をすべて、病院にやってくる人のために使うほうが、医者として失格だ。同じ時間を、病院の外の衛生環境を良くすることに使ったほうが、よっぽど多くの命を救える」と反論したという。ロスリングは地域の子どものデータを収集し、予防接種をはじめとした公衆衛生のプログラムを実施した。ロスリングは次のように述べている。「極度の貧困の中では、命の勘定は避けて通れ」ず、「名前もわからず、どこにいるかもわからない、何百人もの子供たち」を救うために「目の前で亡くなる子供から目を背けないといけなかった」と。ロスリングは「最大多数の最大幸福」を目指す「功利主義者」である。

同じくベストセラーになったスティーブン・ピンカー『21世紀の啓蒙』も同様の構成になっている。飢餓による死者数、貧困人口など人類の「幸福」を数値化し、その数値が改善に向かっているとして、人類の進歩を強調している。実際、ピンカーは「人類の繁栄——長寿、健康、幸福、自由、知識、愛、豊かな経験など——を最大化するという目標を、ヒューマニズムと呼」び、「ヒューマニズムには功利主義的な、あるいは少なくとも帰結主義的なところがある」と述べている。

大衆は自ら手を汚す実感を持たない

とはいえ、『FACTFULNESS』や『21世紀の啓蒙』では功利主義的な発想が取られつつも、大衆の「直観」や「感情」が抵抗を覚える側面はきれいに削ぎ落とされている。「大衆」の本能的・感覚的思考に受け入れられやすい、ぬるい「功利主義」といっても良い。同じく「事実に基づく世界の見方」を強調し、人類全体の幸福の最大化を目指す立場として「効果的な利他主義」がある（ピーター・シンガー『あなたが世界のためにできる たったひとつのこと——〈効果的な利他主義〉のすすめ』関美和訳、NHK出版、二〇一五年）。「効果的な利他主義」とは「科学的根拠と理性を使って、最も効果的に世界をより良い場所にするような哲学と社会的ムーブメント」

である。たとえば、効果的な利他主義者は慈善事業に自分の収入の半分を寄付したり、片方の腎臓を第三者に提供したりする。また、難病で苦しむ子供がテレビで報道されると、同情した視聴者から多くの寄付金が集まるが、より多くの子供の命を救うことができるマラリヤ予防の事業に寄付することを推奨する。

ピーター・シンガーのいう「効果的な利他主義」にはやはり「直観」が抵抗を覚える。シンガーはグリーンの『モラル・トライブズ』に言及しつつ、「効果的な利他主義者」は「理性の力で感情を克服し方向を修正する傾向にある」と述べている。いっぽうで『FACTFULNESS』や『21世紀の啓蒙』には「効果的な利他主義」のように「片方の腎臓を与える」という極端な提案は見られない。たしかに人類は進歩したかもしれない。しかし、その繁栄にあずかれない「不幸」な人々は確実に存在するはずである。

『FACTFULNESS』や『21世紀の啓蒙』は、「直観システム」がもたらす「バイアス」に対して、統計的なデータや科学的知見を生かして「推論システム」を活用することを求めている。しかし、いっぽうで人類全体の「幸福」を数値化し、その着実な進歩をデータで示すという内容が、私たちの既成秩序を認めて現状維持を求める傾向にフィットしているのではないか。つまり、「たとえ一部の人に不利益があろうとも、現状を正当化したくなる傾向」＝「システム正当化」に適した言説なのである（池谷『自分では気づかない、ココロの盲点』）。

功利主義的な判断に「直観」が抵抗を示すのは、「太った男を歩道橋から突き落とす」という、自らの手を汚す点にあった。ところで、大衆とは自らの「生活」にしか興味がない存在であった。それは自らの意思が政治に反映されない無力感を持っている。言い換えると、政治において自らの手を汚す実感を持たない存在である。自らが「生活」を営むシステムや政治が抑圧や不平等を生み、それに苦しむ「他者」がいても、犠牲者の姿を見ない限りは「大衆」はたいてい無関心である。ましてや責任を感じることさえない（吉本隆明もマイノリティ問題に冷淡だった）。というのも、自らが手を汚している＝政治を決定している感覚が欠けているためだ。

もちろん、苦しむ「他者」が目の前にあらわれれば、その姿がテレビで報道されれば、多くの人が心を動かされ、「他者」を憐むにちがいない。しかし、すでに述べたように「共感」はさまざまなバイアスの影響を受けやすい。統計上の数字としてあらわれる「他者」の苦しみには私たちは鈍感なのである。これは私たちの本能的・感覚的思考＝「直観システム」の問題である。

なかには少数者に犠牲を強いる既成秩序を支持し、現状を肯定するために「功利主義」をシニカルに語り出すものさえいる。たとえば「ネット右翼は司令官目線で戦争を語る」とよく言われる。自らが兵士として最前線に送られる可能性を忘れて、司令官になったつもりで攻撃作戦を語るという意味だ。似たような言葉として「経営者目線」がある。自らは解雇される労働者の立場なのに、リストラなどの経営方針を支持したりする。いずれも、既成秩序に異を唱えて変革を求める「他者」に対して、現実主義的・功利主義的な判断を下す「エリート」の立場に立って「多少の犠牲はやはりしょうがないのだ」とシニカルに語る言説である。しかし、自ら進んでその犠牲になることは難しい。

新型コロナウィルス対策によって管理監視社会化が進む

『FACTFULNESS』では将来予想される世界的な危機として、感染症のパンデミックが指摘されていた（ハンス・ロスリングは二〇一七年に死去）。二〇二〇年に世界中を混乱に陥れた新型コロナウィルス禍で多くの人が「事実」に基づいて良き「市民」として行動できた、とはいえないだろう。むしろ管理監視社会のさらなる進展と、大衆の直観にしたがう「ポピュリズム」があらわれた。疫病を予防する公衆衛生は功利主義に基づいている。全体の感染防止（幸福）を優先し、人々の移動（自由）を制限するからである。「経済を回すか、感染を防止するか」という議論が起きたが、「全体の幸福」を重視する点では共通しており、いずれも功利主義的な考えである（梶谷懐「コロナウィルス感染症COVID－19と監視社会」二〇二一年）。興味深いのは、GPSの位置情報を用いて感染者を追跡するなど管理監視社会化が進んだ国（中国、シンガポール、韓国、台湾）が新型コロナウィルスの封じ込めに比較的成功し、経済への打撃を最小限に抑えたことだ。シンガポールでは犯罪者の捜査にGPSの位置情報が用いられるなど、新型コロナの感染対策を機にして管理監視社会化が進展している。ところで日本では接触確認アプリ「COCOA」を導入したが、不具合によって機能していなかったことが判明するなど、管理監視社会化を押し進める技術も失っていた。

そして、もうひとつ興味深いのは、「コロナはただの風邪だ」という「バカ」な反発が起きたことだ。アメリカでは州知事による外出制限に対する抗議デモがおこなわれた。トランプ大統領（当時）はコロナの感染予防対策が「経済活動の閉鎖を続けることにも死が伴う」として「経済再開」を強く求め、「LIBERATE（解放しろ）！」とツイートした。日本でも「コロナはただの風邪だ」と主張する候補者が東京都知事選に立候補した。集会の参加者は、マスクも着用しないなど専門知への軽視は明らかであった。

さて、注意すべきは、このような管理監視社会化は「政治」に十分応用可能である、ということだ。つまり、「公衆衛生」においてウィルスの感染者を追跡し、抵抗力の低い人々にワクチンを摂取させるように、私たちの「道徳感情」や「認知バイアス」という「脆弱性」を利用して、特定の政治思想（ミーム）に感染させる、ということだ。この問題については第6章で詳しく述べよう。

このような人々の求めに応じて、管理監視社会化は進んできた。より「幸福」な社会に近づくのならば、それでいいではないか、という意見もある。とはいえ、「幸福」な監視国家は「恐怖」による支配と表裏一体ではないか。

ディストピア小説の元ネタ「大審問官」

アメリカのトランプ大統領が誕生した際、ジョージ・オーウェルの『一九八四年』がベストセラーになった。『一九八四年』では「テレスクリーン」によって人びとの行動は常に監視され、体制に歯向かった者は拷問にかけられる。主人公のウィンストンはビッグブラザーが率いる党の方針に合うように歴史記録を改竄する「真理省」に勤めており、第二次安倍政権の公文書改竄問題が発覚したときに『一九八四年』はよく言及された。

しかし、オーウェルの『一九八四年』よりもオルダス・ハクスリー『すばらしい新世界』のほうが現在の管理監視社会に近い、とよく指摘される（安藤馨『統治と功利——功利主義リベラリズムの擁護』勁草書房、二〇〇七年など）。『すばらしい新世界』では胎児は工場で生産され、生まれる前に「アルファ」や「ガンマ」といった階級に見合った知能や身体になるように改造される。また登場人物たちは陶酔感を得るために「ソーマ」と呼ばれる麻薬を服用している。人々は比較的自由に行動し、性的に奔放（ほんぽう）である。『すばらしい新世界』では「幸福」によって「自由」を差し出している。遺伝子改良といったバイオテクノロジーの発展や、メンタルヘルス問題が一般化し、抗不安薬が普及したことも現在の管理監視社会に近いとみなされる理由だろう。

これらのディストピア（ユートピア）小説にはドストエフスキーの小説『カラマーゾフの兄弟』に登場する劇詩「大審問官」が大きな影響を与えている。ここでは時代背景やテクストに沿って忠実に読解するよりも、ディストピア小説に影響を与えた「自由」か「幸福」かという問題を中心に見ていこう。

強者の自由か弱者の幸福かを問う大審問官

『カラマーゾフの兄弟』は、父フョードルの殺害をめぐる長男ドミトリー、次男イワン、三男アリョーシャの三兄弟と、フョードルの私生児と噂されるスメルジャコフの小説である。「大審問官」は無神論者のイワンが、修道僧のアリョーシャに語った劇詩である。

劇詩「大審問官」を披露する直前のイワンとアリョーシャの会話から見ておこう（ドストエフスキー『カラマーゾフの兄弟』亀山郁夫訳、光文社古典新訳文庫、二〇〇六年）。イワンは、新聞記事などから収集した、虐待を受ける子供のエピソードを披露する。トルコ人が「性的快感」を覚えながら、「母親のお腹のなかから短剣で胎児をえぐりだ」し、「乳飲み子を放り上げ、それを母親の目の前で銃剣で受け止めてみせる」。五歳の女の子がトイレを知らせなかったという理由で、両親によって真冬にトイレに閉じ込められ、「顔中にうんちを塗りたくられたり、そのうんちを食べさせられたりする」といったエピソードである。

イワンが児童虐待のエピソードを披露するのは、神が創造した世界を拒否するためである。イワンは次のように言う。「鹿がライオンのとなりに寝そべったり、切り殺された人間が起きあがって自分を殺した相手と抱きあう」という「瞬間に居合わせたい」し、「地上のすべての宗教はこの願望のうえに作られているんだし、おれはそう信じている」。しかし、そのためになぜ「子どもたちの苦しみ」が必要なのか。このような「最高の調和」があり得たとしても、「ちっちゃなこぶしで自分の胸を叩き、臭い便所で無益な涙をながして「神ちゃま」に祈っていた、あの、さんざ苦しめられた子どもの、一粒の涙にだって値するもんか！」というわけである。

イワンは無神論者だと紹介したが、これはやや不正確で、神を信じたいにもかかわらず、信じられない分裂した人物というほうが適切である。注意すべきはイワン自身が「おれも恐ろしく子どもが好きなんだ」と語っていることだ。児童虐待事件が新聞で報道されるたびに、その事件をコレクションしている。いまの言葉でいうと、ペドフィリア＝小児性愛者に近い人物だといえよう（山城むつみ『ドストエフスキー』講談社文芸文庫）。

何の罪もない子供や動物といった「弱者」が虐げられている（イワンは百姓が動けなくなった駄

馬を残酷に鞭打つ詩も紹介している)。そして、「弱者」をいたぶることに「快感」を覚える人間がいる。この二つの理由をもってイワンは神が造った世界を拒否するわけだ(ちなみにイワンをはじめカラマーゾフの三兄弟の生い立ちも、いまでいうネグレクトに近い)。

何の罪もない子供たちを犠牲にする神の世界を認めるのか、というイワンに対して、修道僧のアリョーシャは「何もかも許すことのできる存在」としてイエス・キリストを挙げる。これに対してイワンによって披露されるのが、劇詩「大審問官」である。ここでは簡単に紹介しよう(以下の記述は亀山郁夫訳『カラマーゾフの兄弟』をもとに再構成した)。

一六世紀のスペインのセヴィリア、普段は異端審問による火あぶりがおこなわれる広場にイエスが現れる。イエスは盲目の老人を癒し、死んだ少女を生き返らせる。その光景を見た大審問官は護衛に命じて、イエスをとらえてしまう。その夜、大審問官がイエスを訪ね、次のように語り始める。

明日にはおまえを火あぶりにかけよう。おまえは「あなたたちを自由にしたい」と語ったが、しかし、人間社会にとって自由ほど耐えがたいものはない。お前は人間の魂の王国に、永久に自由という苦しみを背負わせた。何が善で何が悪かを自由な心によって判断しなくてはならなくなった。

悪魔に「石ころをパンに変えてみろ」と誘惑されたとき、おまえは「人はパンのみにて生きるものにあらず」と反論した。しかし、多くの人は「地上のパン」と引き換えに自らの「自由」を私たちに投げ出す。「いっそ奴隷にしてくれ、でも私たちを食べさせてください」と。

自由と地上に行き渡ったパンとは両立しない。かつて人々は自由を求めて、イナゴと草で食いつなぎながら、荒野で飢えた生活を何十年も耐え抜いた。しかし、このような「天上のパン」＝自由は数万人の大いなる強者だけが求めることができる。残りの数百万人の弱者たちは地上のパンを必要とする。数百万人の弱者たちは強者の犠牲になるべきなのか。

おまえは少数の選民に自由を与えようとした。しかし、私たちはすべての人間に、か弱いものとして作られた彼らにふさわしい幸せを与えよう。私たちが秘密を守り、何十億という幸せのために代わりに不幸となろう。

かつて私も荒野で自由を求めた。だが、ふとわれにかえり、おまえの狂気に仕えるのが嫌になった。おまえの偉業を修正した人びとの群れに加わったのだ。

大審問官がこう語り終えると、イエスは無言のまま口付けし、その場を去る。

イエスの説く「自由」を担えるのは少数の強者だけであり、それ以外の大多数の弱者には耐えられない。彼らは「非力」で「かよわく無力」だからである。それゆえ、数百万人の弱者には、彼らに見合った「幸福」を与える必要がある。自由か幸福か、という問題を読み取ることができる。

最大多数の最大幸福を目指す生政治

まず「大審問官」には「生政治」の問題がある。「大審問官」が「羊たちの群れ」に「静かな、つつましい幸せを分け与えてやるのだ」と述べるように「羊の群れ」の比喩が見られる。

フーコーはキリスト教における羊飼い―羊という比喩に着目し、「司牧的権力」＝「生権力」を指摘した（箱田徹『フーコーの闘争――〈統治する主体〉の誕生』慶應義塾大学出版会、二〇一三年）。羊飼いは羊全体を導き、また羊一匹一匹にも気遣い、寝ずの番までおこなう。「生権力」とは「生命に対して積極的に働きかける権力、生命を経営・管理し、増大させ、増殖させ、生命に対して厳密な管理統制と全体的な調整とを及ぼそうと企てる権力」とされる（ミシェル・フーコー『性の歴史1　知への意志』渡辺守章訳、新潮社、一九八六年）。大審問官のモデルがローマ・カトリックだったことも考えれば、「司牧的権力」＝「生権力」が語られていると十分みなせよう。

また、大審問官は少数の「強者」の自由を犠牲にして多数の「弱者」の幸福を目指す点に、功利主義的な発想を見出すことができる。

哲学者のハンナ・アーレントは「大審問官」を「フランス革命の主役たちの言葉と行為の背後に潜む動機の物語」として読んでいる（ハンナ・アーレント『革命について』志水速雄訳、ちくま学芸文庫、一九九五年）。ここにはアーレント独自の政治観がある。アーレントは古代ギリシャをモデルとして、ポリスと家（オイコス）を区別した。ポリスは「自由の領域」であり、市民たちによって活動（action）や言論（speech）がおこなわれる（ハンナ・アーレント『人間の条件』志水速雄訳、ちくま学芸文庫、一九九四年）。家（オイコス）は「生命の必要」を満たす領域であり、家長（市民）によって女性や子供、奴隷が支配される。しかし、近代以降の「社会的なるものの勃興」によって、ポリス（公的領域）と家（私的領域）の区別がなくなる。「社会」とは「生命の必要」を満たすだけの「家」が共同体全体に広がってしまった状態である。

アーレントはアメリカ革命を「自由の創設」とみなした。たいしてフランス革命を「社会的なもの」が政治領域に登場し、「生命過程そのものの切迫に身を委ねなければならなかった」がゆえに失敗したとする（アーレント『革命について』）。つまり、アーレントにとって革命は「豊かさ」や「繁栄」ではなく、「自由の創設」を目指すべきであった。しかし、政治的領域に「貧民」が登場して以来、市民が活動（action）や言論（speech）をおこなうことなく、「生命の必要」を満たすだけの「社会的」なものとなった。「説得と決議という二重の過程」（自由）ではなく、「専門家の手に委ねられるべき管理の問題」（社会）となった。

アーレントは「労働する人間と生物学的な生そのもの」が近代の政治の中心になったことを示したが、それがフーコーの「生政治」に近しいことが指摘されている（ジョルジョ・アガンベン『ホモ・サケル――主権権力と剝き出しの生』高桑和巳訳、以文社、二〇〇三年）。興味深いのは、アーレントが「生命の要求」を満たすことを「最大多数の最大幸福」とも言い換えていることだ（アーレント『革命について』）。

信条倫理と責任倫理の葛藤

社会学者のマックス・ウェーバーも有名な講演『職業としての政治』において「大審問官」に言及している。ウェーバーは「信条倫理」と「責任倫理」を区別している（マックス・ウェーバー『仕事としての学問　仕事としての政治』野口雅弘訳、講談社学術文庫、二〇一八年。「信条倫理」は「心情倫理」としばしば訳されるが、野口訳にしたがう）。「信条倫理」は自らの信念に忠実にしたがって行為することが求められる。たとえ行為の結果が悪くても、周囲の世界が悪いのであって行為者に責任はない。たいして「責任倫理」は自分の行為が何をもたらすかを予見し、その結果の責任を負う。また行為の結果を予見するために、「人間がもっている、まさにあの平均的な欠点」を「計算」する必要がある。ウェーバーの講演がおこなわれたのは、革命が起こり共和国が樹立したバイエルンであった。聴衆の多くが急進的な学生であり、ウェーバーは「信条倫理」に燃える学生に対して政治における「責任倫理」の重要性を説くことで、冷や水を浴びせかけたといえる（野口雅弘『マックス・ウェーバー――近代と格闘した思想家』中公新書、二〇二〇年）。

さて、ウェーバーによれば、大審問官は当初「信条倫理」に燃える一人であったが、「人間の平均的な欠点」を「計算」し、行為の結果に責任をおう「責任倫理」に転向した。しかし、苦悩や皮肉が入り混じった長い独白が示すように、どこか「責任倫理」に徹し切れない人物である（牧野雅彦「ウェーバーと『大審問官』」『ウェーバーの政治理論』日本評論社、一九九三年）。功利主義の特徴のひとつに「行為の正しさはその帰結によって評価される」という「帰結主義」があったが、「責任倫理」はそれにかなり近いものだろう。もちろん、「責任倫理」は苦悩をもたらすが、かつて管理監視社会化について小説家の笠井潔が「大審問官なき大審問官の理想社会の到来」と表現したように（笠井潔『例外社会』朝日新聞出版、二〇〇九年）、いまや人間に代わって「大審問官ＡＩ」が整備されている（吉川『人間の解剖はサルの解剖のための鍵である』）。

この世界の偶然性から功利主義者が生まれる

イワンは「あの、さんざ苦しめられた子どもの、一粒の涙」によって「最高の調和」を拒否した。批評家の東浩紀はイワンとアリョーシャの会話に「確率的位相」を見出した（東浩紀「ソルジェニーツィン試論――確率の手触り」『郵便的不安たちβ』）河出文庫、二〇一五年）。つまり、「なぜこの子ではなくて、あの子が苦しまなくてはいけないのか?」という問いにどんな理由や目的によっても答えられない。あの子の苦しみは「たまたま」であり、「偶然」である、といった「確率」の問題でしかない。そのイワンの口から「最大多数の最大幸福」を掲げる功利主義＝大審問官のエピソードが語られるのは興味深い。

世界は神が創りたもうた「最善世界」ではない。この世界はたまたまそうなっただけの「偶然」のものでしかない。であれば、より多くの子供を救おうと、「最大多数の最大幸福」を目指すことは十分にありえる。もちろん、「あの子の苦しみ」は解決できないし、目の前の子供を見捨てることとさえある。とはいえ、最善ではありえない世界への最大限の方法であり、世界の偶然性をなるべくコントロールしようとする発想である。

現在の管理監視社会は、オーウェル『一九八四年』に比べてハクスリー『すばらしい新世界』のヴィジョンが近いと考えられている。とはいえ、たとえ表向きは「幸福な監視国家」である中国も、いっぽうで強制収容所を建設しウイグル人を弾圧するなどオーウェル的な側面を持つ（『中国・幸福な監視国家』）。大審問官も自由を掲げる強者は火あぶりにしていた。『一九八四年』と『すばらしい新世界』の両面（「恐怖」と「幸福」）を併せ持つのが、現在の管理監視社会化ではないか。

さて、興味深いのは、大審問官＝イワンは子供の苦しみを享楽しつつ、そのいっぽうでどこか「共感」を持ち合わせていたことだ。たとえば、現在の管理監視社会において全てを知り、世界を操るような大審問官はいない。とはいえ、大審問官のように心優しく、か弱く傷つきやすい人々に「子どもらしい幸せ」を与えようとする人々は多く存在する。むしろ、「共感」に満ちた人々のほうが管理監視社会化の進展に熱心であることを、大審問官のエピソードは示している。

第3章

よき市民の討議はすでに腐敗している

討議することで道徳感情を整理し、洗練させる

私たちは認知バイアスゆえにバカな言動をとってしまう（人間本性）。また、多くの人が政治的に無知＝バカである（環境）。いわば「バカの二乗」というべきあり方が大衆だと述べてきた。大衆の本能的・感覚的思考がそのまま反映されれば、当然政治は混乱する。しかし、「許せない！」という「道徳感情」がなければ、不正や不平等が社会問題化することなく、そのまま放置されてしまう。

大衆の本能的・感覚的思考を整理し、洗練し、精査するのが市民社会や市民的公共性（公共圏）の役割だとされてきた。たとえば、ドイツの哲学者のユルゲン・ハーバーマスにおいて「同業組合、労働組合、政党、ＮＰＯやＮＧＯ」といった「市民社会」（団体）は「生活領域のなかに存在する共感を取り上げ、集約し、増幅して政治的公共圏へと流し込む」とされている（ユルゲン・ハーバーマス『事実性と妥当性（下）』）。そして、「公共圏」とは「社会全体に感応するセンサーを備えた警報システム」であり、「問題を知覚し同定するだけではなく、説得力がありかつ影響力をもちうるかたちで主題化し、論議の対象として提示し、議会によって取り上げられ処理されるよう、練りあげなければならない」とされる（ハーバーマス、前掲書）。しかし、いまや大衆の本能的・感覚的思考を洗練・整理する機能がうまく働いていないのではないか。

ここではハーバーマスの「熟議民主主義」を見ておこう（以下の記述は『ハーバーマスを読む』田村哲樹、加藤哲理編、ナカニシヤ出版、二〇二〇年、とりわけ田畑真一「公共圏と民主主義」を参考にしている）。熟議民主主義は「政治システム」（フォーマルな討議）と「公共圏」（インフォーマルな討議）におけるふたつの「討議」（熟議）の組み合わせだとされる（二回路モデル）。「討議」は「理由の交換・検討」であり、すべての人に開かれ、発言の機会は平等に与えられる。自由な発言が可能であるが、嘘偽りなく誠実に発言することが求められる。

まず「政治システム」（フォーマルな討議）とは議会の審議や裁判所の審理が当てはまる。法的に定められた手続きに則って討議がおこなわれ、その決定は行政（官僚制）に影響を与える。たいして、「公共圏」（インフォーマルな討議）は「様々なコミュニケーションのためのネットワーク」だとされる（ハーバーマス、前掲書）。居酒屋やコーヒーハウスといった日常的な場所から、ロックコンサート、政党の集会といったイベント、マスメディアといった広く一般的なものまでさまざまなレベルがある。もちろん、これらすべてが「討議」とはいいがたい。しかし、議論が積み重ねられることで、「理由の交換・検討」がなされ、「公論」（世論）が形成される。ある問題がマスメディアに取り上げられ「公論」が高まると、議会（政治システム）は特定の問題について「討議」し、法を制定し施行することで、フィードバックする。政治システムと公共圏には、このようなコミュニケーションの流れ（循環）が目指されている。

いいかえると、貧困や差別といった問題に「許せない！」という「道徳感情」がまずわき起こる。しかし、「直観システム」には間違いが多く、事実も誤認しやすい。また差別につながる「道徳感情」も存在する。市民的公共性にはこのような「道徳感情」を言語化し、討議を通じて問題を整理し、精査する役割が期待された。「推論システム」を働かせることで「許せない！」という「道徳感情」が適切かどうか、その理由を検討する領域だった。

市民的公共性が機能せず、大衆は無力感におちいる

とはいえ、このような市民的公共性（公共圏）は管理監視社会化において機能していない。インターネットは私たちに見たいものしか見せない。そのために「他者」の主張に触れて、自分の意見を考え直す機会が失われている。「道徳感情」は理性的な討論を通じて整理・洗練されるどころか、「感情」や「直観」を刺激する言説があふれ、マイノリティ／非マイノリティによる部族主義＝集団分極化が起こっている。共通の土俵のうえで対立するのではなく、部族ごとに異なる別々の世界が広がっている（第2章を参照）。

かつてハーバーマスは、ある目的を達成するために最適な手段を用いる「道具的合理性」に対して、「コミュニケーション的合理性」を主張した（ユルゲン・ハーバーマス『コミュニケイション的行為の理論（上・中・下）』河上倫逸、平井俊彦訳、未来社／田中拓道「労働と福祉国家」『ハーバーマス

を読む』)。統治の効率化を目指す官僚制や利潤の最大化を目指す市場経済は「道具的合理性」が当てはまる。しかし、ある行為の目的自体が正しいかどうかを討議(熟議)を通じて「共通了解」を形成する「コミュニケーション的合理性」があるはずだ、と。

このような発想は熟議民主主義のモデルにも受け継がれている。「政治システム」と「公共圏」という二つの「討議」(コミュニケーション的合理性)によって、官僚制や市場経済(道具的合理性)をコントロールすることが目指されているからだ。ハーバーマスの「コミュニケーション的合理性」はすでに紹介したスタノヴィッチの「メタ合理性」に近い。しかし、『幸福な監視国家・中国』は、ハーバーマスの熟議民主主義論を踏まえたうえで、アルゴリズム的公共性の肥大化によって、市民的公共性の機能不全を示すものだった[図5]。

市民的公共性を通じて「道徳感情」を言語化し、整理・洗練することでさまざまな問題を社会問題化する。たいして議会は「公論」(世論)の高まりを受けて、討議を通じて法を制定・施行し、フィードバックする。しかし、大衆が自らの意思が政治に反映されない無力感を持たざるをえないのは、フィードバックがうまく行っていないからではないか。

「大衆」とは「人間本性」によるバカ(認知バイアス)と「環境」によるバカ(政治的無知)がかけ合わさった状態である。このような「世論」に基づいて政治をおこなえば、当然混乱におちいる。すると、少数のエリートや専門家たちは「世論」を遮断したうえで、政治決定を

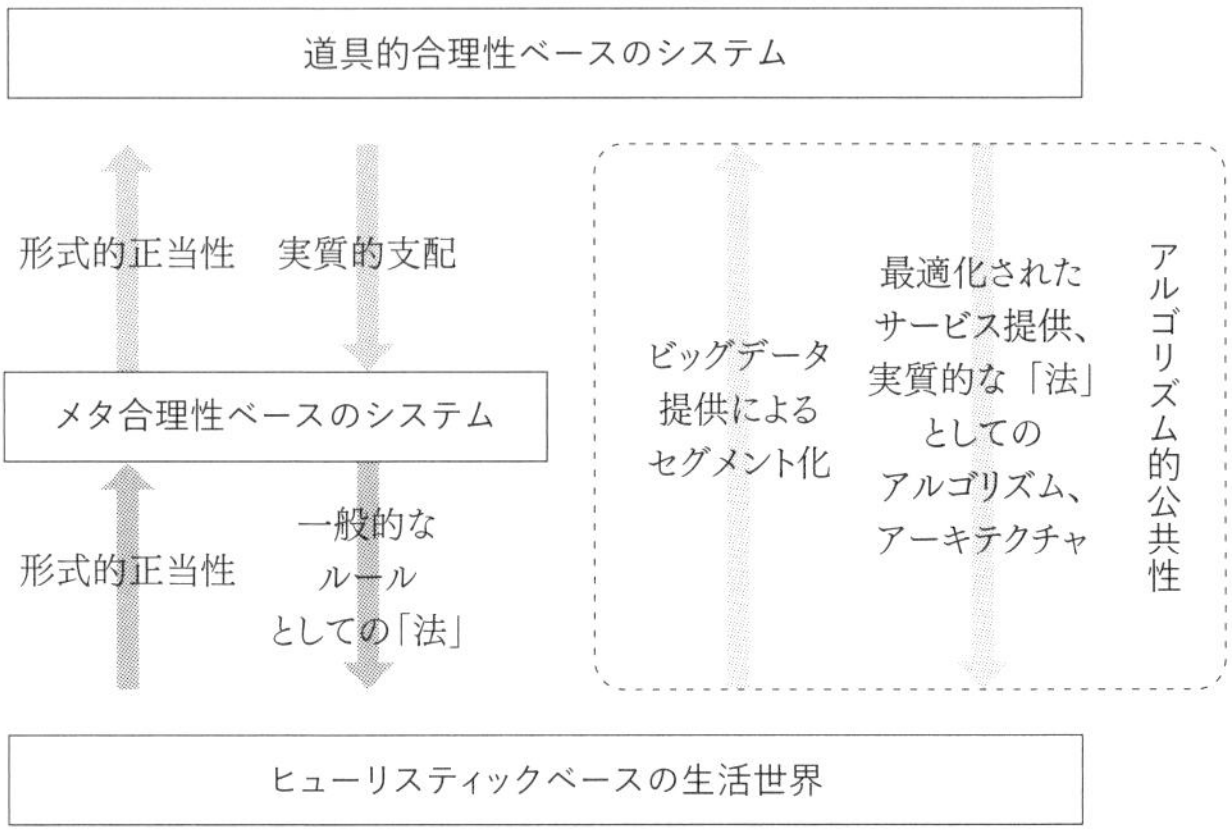

道具的合理性ベースのシステム

形式的正当性　実質的支配

メタ合理性ベースのシステム

形式的正当性　一般的なルールとしての「法」

ビッグデータ提供によるセグメント化

最適化されたサービス提供、実質的な「法」としてのアルゴリズム、アーキテクチャ

アルゴリズム的公共性

ヒューリスティックベースの生活世界

図5　アルゴリズムによる統治の肥大化
出典：梶谷懐、高口康太『幸福な監視国家・中国』

独占しようとする。大衆は自らの意思が政治に反映されない無力感を募らせる。そして、ますます政治について無知＝バカになる……このような悪循環が起きている。だが、ここで思い出して欲しいのは、私たちが他者や環境に依存し、その影響を受けやすいことだ。「環境」を変えれば、私たちの「バカ」も極力防ぐことができる。

環境が理性的な討議を生み出す

ハーバーマスのいう「討議」は「理由の交換・検討」であって、「推論システム」を働かせることが求められた。ところで、ハーバーマスの「合理性」は「コミュニケーションや討議などの対話的・間主観的要素と関連づけられているにもかかわらず、

最終的には個人の正当化能力として把握されている点」がフェミニズムの観点から批判されてきたという（田村・加藤「ハーバーマスとフェミニズム」前掲書）。ハーバーマスは市民的公共性の担い手として「論議する公衆」（ブルジョワ）を理想化したが、当然ながら「家父長制」と結びつくからである。たしかに自立的・自律的な個人がどこか前提とされている。

しかし、その一方で、ハーバーマスの「コミュニケーション的合理性」は個人ではなく、人々の間で生まれる、とも考えられていた。ハーバーマスにおいて「「理性」は誰かが保持できるものではなく、人々の「間」で働くもの」であり、「理性が現れる討議を成り立たしめる条件」が重視される。そうした条件として「フォーマルな討議（＝政治システム）における法的組織化、インフォーマルな討議（＝公共圏）におけるメディア・システムの独立性など」が求められてきた（田畑真一「公共圏と民主主義」『ハーバーマスを読む』）。

ハーバーマスは自立的・自律的で合理的な個人を前提とするが、「理性が現れる討議を成り立たしめる条件」に着目すればどうだろうか。つまり、「理性」を個人に期待するのではなく、「理性が現れる討議」を成立させる「条件」＝「環境」を整えることを目指すわけである。

個人は無理でも、集団では合理的になれる

「推論システム」を働かせる「環境」を設計する。ハーバーマスに師事したジョセフ・ヒースはこの観点を受け継いでいる。ヒースは進化心理学や行動経済学の知見に依拠し「人間は元来、合理的な動物ではない」としつつ、次のように述べている。

> 一八世紀の啓蒙思想を鼓舞した理性という概念の主な欠陥は、それがまったく個人主義的なものだったことだ。理性はもっぱら個人の脳内に宿ると考えられていた。そのせいで、個人の物理的および社会的環境で何が起こっているのかに注意が向けられなかった。新たな啓蒙思想の発展には、理性は多様な個人にまたがる非集権的で分散的なものであるという認識が必要だ。自分だけで合理的にはなれない。合理性は本来、集団的なプロジェクトである。
>
> （ジョセフ・ヒース『啓蒙思想2・0――政治・経済・生活を正気に戻すために』栗原百代訳、NTT出版、二〇一四年）

認知科学者のスティーブン・ピンカーも同様の認識を示している。「彼ら〔啓蒙思想家〕が説いたのは、わたしたちは虚偽やドグマの誘惑を断ち切って合理的になるべきだということであり、また言論の自由、論理的分析、実証的検証といった、自分たちの力を律する制度

を設け、規範を守ることで、個人では無理だとしても集団では合理的になれるということだった」（ピンカー『21世紀の啓蒙（下）』）。私たちには人間本性上バカな言動をとってしまう。環境に大きく依存しその影響を受けやすい。しかし、「環境」さえ整えれば、私たちはバカな言動を極力減らすことができる。個人で合理性を達成できなくても、適切な制度やルールをつくれば、集団では合理的になれる、というわけである。

ジョセフ・ヒースは、大衆の「直観」や「感情」を直接反映させるポピュリズムを「ファスト・ポリティクス」と批判し、理性に基づいた「スロー・ポリティクス」の必要を唱えている。そのひとつとして、上院と下院という二院制議会を上げている（日本では衆議院と参議院）。理性の特徴は「時間がかかる」ことである。「民主制で意思決定の質を高める一つの方法は、意思決定の過程をゆっくりにする」ことである。二院制議会は「立法プロセスを減速させているだけでも重要な役目を果たしている」という。

またヒースはメディア規制の必要を訴えている。政治広告は「イメージ画像、音楽、音響効果の使用を禁じ、候補者の談話のみで構成する」ことを提案している。これらの発想は「理性が現れる討議を成り立たしめる条件」を求めたハーバーマスの考えを受け継いでいる。ヒースの著作『啓蒙思想2・0』をもじって言えば、ヒースはハーバーマス2・0である。

理性は議論に勝って説得するためにある

ヒースは議会での理性に基づいた討論の必要を訴えるが、ヒースの主張を裏付ける仮説がある。私たちの理性は「他人との討論の中で議論に勝って説得する」ために獲得された機能だという説だ（マルシェル、スペルベル「理性の議論説」）。「推論システム」には「自分に甘く、他人に厳しい」傾向がある（網谷祐一『理性の起源』河出書房新社、二〇一七年）。すでに紹介したように、自分の考えを支持する情報ばかりを集め、反証する情報を無視する傾向＝「確証バイアス」がある。分析能力が高い人ほど不都合なデータを都合よく解釈してしまう。だが、そのいっぽうで、他人の議論を厳しく批判し、相手の主張の間違いや矛盾点を指摘することには長けている。

つまり、理性は個人が正しく認識するための機能ではない（認識的合理性）。「自分に甘く、他人に厳しい」傾向によって、個人ひとりが「推論システム」を働かせても、間違える可能性が高い。しかし、集団で議論すれば、それぞれのメンバーが自らの主張を全力で擁護し、他人の主張を厳しく批判することで、より妥当な意見が残りやすくなる（もちろん、同じ考えのメンバー同士で議論した場合には「集団分極化」の危険性がある）。

たとえば、「合理性」を達成するための「集団的なプロジェクト」としてアカデミズムが挙げられるだろう。たとえ、専門家であっても間違いを認めず自説に固執するケースがあるが、論文の査読や学会の発表といった条件（環境）で、そのようなバイアスを極力減らすわけだ。

だが、ヒースも指摘するように、国会の質疑がテレビで中継され、その内容が「論証と討議から短く感情に訴える決め文句へ、テレビ映えするものへ」と変化している（ヒース、前掲書）。「議論に勝った」という判定はテレビの視聴者がおこなうことになる。「推論システム」を働かせて論理的に精査するのではなく、視聴者の「感情」や「直観」を刺激したほうが、「議論に勝った」ことにならないか。実際、ヒースは国会質疑からテレビカメラを排除することや、映像を放送する際には細かい制限を設ける必要を訴えている。つまり、「直観システム」ではなく「推論システム」を働かせる「環境」を生み出すためにメディア規制を求めている。

保守主義は漸進的な改善を目指すが、腐敗を改善できない

二院制議会のように、無駄に見える制度が、私たちの合理性を確保するための「環境」なのである。このような発想は保守主義の祖と言われるエドマンド・バークの考えに近い。バークはフランス革命を批判したことで知られる（エドマンド・バーク『フランス革命の省察』半澤孝麿訳、みすず書房、一九九七年）。バークによれば、フランス革命を支持する啓蒙主義者は理性を万能視し、伝統や習慣を悪しき因習として一掃して、合理的な社会を一挙に設計しようとし

た。

しかし、バークによれば、「人間とは無知で誤り易いものである」（バーク、前掲書）。伝統はさまざまな試行錯誤の末に生まれ、長い年月をかけて先人の良識が蓄積されている。「各人が自分だけで私的に蓄えた理性」は「僅少(きんしょう)」でしかなく、むしろ伝統や慣習といった「共通の偏見」に隠された「潜在的智恵」を発見するべきだ。「偏見の上衣を投げ捨てて裸の理性の他は何も残らなくするよりは、理性折り込み済みの偏見を継続させる方が遙かに賢明である」とバークは述べている（いわゆる保守派とはやや異なる）。

このようにバークはフランス革命を批判し、イギリスですでに確立された議会制度や立憲君主制を擁護した。『フランス革命の省察』はフランス革命におけるジャコバン派の恐怖政治を予見したとされ、「革命に反対する革命的書物」（ノヴァーリス）といわれた。とはいえ、伝統や慣習が差別や抑圧を生む悪しき因習であるケースも存在する。しかし、バークは単なる伝統を固守したわけではない。「相続という観念は、確実な保守の原理、確実な伝達の原理を涵養(かんよう)し、しかも改善の原理をまったく排除しない」と述べるように、先人の知恵が蓄積された伝統や慣習に依拠しつつも、その漸進的な改良、段階的な改善を目指すのである。

さて、近年の行動経済学や認知科学は、人間の思考が他者や環境に依存し、その影響を受けやすいことを示してきた。さまざまな認知バイアスは私たちの理性が不完全であることを証明している。哲学者のアンディ・クラークによれば、私たちはあまり賢くない「生物的な脳」の能力を高めるために「デザイナー環境」を構築している。環境をデザインすることで自分自身をコントロールしている。「伝統」を人間の不完全な理性を手助けする「デザイナー環境」とみなすことは十分可能だ。

また、人類学者ヘンリックは、イヌイットのアザラシ漁やイグルー（雪の家）の建築が非常に高度な機能を備えているにもかかわらず、根本的な原理は理解されないまま、見よう見まねで受け継がれてきたことを指摘している（ジョセフ・ヘンリック『文化がヒトを進化させた』）。つまり、一見無意味で非合理に思える伝統や慣習も、無数の試行錯誤（自然選択）のうえで成立しており、当人に自覚されないままに合理的な役割を果たしている可能性がある。

これらの知見は、人間の理性を不完全なものとみなし、伝統を先人の良識の蓄積とみなすバーク的な保守主義と相性が良いのは明らかである。実際にヒースはバーク的な保守主義を高く評価している。しかし、いっぽうでその限界も認めている。ヒースによれば、官僚の腐敗、課税逃れ、警察官の汚職などがいちど社会全体に広がってしまうと、取り除くのは難しくなる。もはや漸進的な改良では効き目がない。これまでの悪習を一掃して、システムや制度をいちから建て直さなければならない。「全員が大きな一歩を踏み出したとき」に初めて状況が改善される、という。当然ながら、これはバークが否定した「革命」である。

討議を脱臼させるご飯論法は討議を腐敗させる

ところで、現代の政治状況を眺めてみると、ヒースが「スロー・ポリティクス」として評価した二院制議会に手のつけようのない「腐敗」や「悪習」が広がってはいないか。「議会」には「理性が現れる討議を成り立たしめる条件」が整えられていた。しかし、二〇一二年から二〇二〇年まで続いた第二次安倍政権には「討議」そのものを否定する姿勢があった。安倍晋三首相（当時）は記者会見で質問に答えずに自説を開陳するばかりだったし、菅義偉官房長官（当時）も「そのような批判は当たらない」「全く問題ない」と繰り返すばかりだった。国会質疑においても「論点をずらしてのらりくらりと答弁し、質疑時間を空費する」手法を用いたり、そもそも国会を開会しないなど、「国会審議そのものを避けようという傾向」があった（上西充子『国会をみよう──国会パブリックビューイングの試み』集英社クリエイティブ、二〇二〇年）。

なかでも象徴的だったのは、二〇一八年の新語・流行語大賞トップテンに選ばれた「ご飯論法」だろう。「ご飯論法」とは「朝ごはんは食べなかったんですか?」という問いに対して「ご飯は食べませんでした（パンは食べましたが、それは黙っておきます）」と答えるように、論点をずらすことで不都合な真実を隠す話法である（上西、前掲書）。たとえば、内閣総理大臣主催の「桜を見る会」の疑惑が取り沙汰されたが、安倍晋三首相（当時）の事務所が参加者を募集する文書を配布したことについて、首相は「幅広く募っているという認識で、募集しているという認識はなかった」と答弁した。まさに「ご飯論法」の典型だろう。

とはいえ、相手の問いをはぐらかす話法そのものがダメだというわけではない。それが有効な抵抗の手段となる場合もある。しかし、統治者や支配者がそのような論法を使うと話は違ってくる。すでに指摘したように、国会質疑にテレビ中継が導入されたことで、「論証と討議から短く感情に訴える決め文句へ、テレビ映えするものへ」という変化が起きている（ヒース、前掲書）。つまり、「推論システム」ではなく「直観システム」を働かせるようになっている。「短く感情に訴える決め文句」が得意だったのは、郵政民営化を押し進めた小泉純一郎だろう。「自民党をぶっ壊す」「私の政策を批判する者はすべて抵抗勢力」は共通の「敵」をつくり出すことで部族主義を刺激するのが得意であった（この点については、第4章で後述する）。

たいして、小泉純一郎に比べて口下手だった安倍晋三は「討議」をはぐらかし、脱臼させることで、「討議」そのものを空無化し、意味のないものにした。多くの人を惹きつけはしないが、ボロを出すことは防げるので国民への悪印象を最低限に抑えられる。しかし、それではハーバーマスが「討議」の前提とした「誠実さ」が失われる。保守主義的な段階的な改革ではどうしようもない、「討議」そのものの「腐敗」ではないだろうか。このような「悪習」を一掃するための「革命」が必要ではないか。

新型コロナウィルス対策で政府は大衆の感情に反応しすぎた

第二次安倍政権においては野党の力が弱かったために、自民党は比例区であれば投票総数の四割の支持を固めれば勝つことができたという（汁田真佐憲、西田亮介『新プロパガンダ論』ゲンロン、二〇二一年）。つまり、「討議」を空無化する安倍政権の話法は、四割の支持を死守するための話法だった。もちろん、その他六割の国民の声を無視することになるが、それでも長期政権を維持できた。

しかし、新型コロナウィルス禍においてはこのような戦略は通用しない。国民全体の行動を変えなければ、感染収束できないからだ。日本には欧米のように強制的な都市封鎖（ロックダウン）をおこなう法的権限がない。そのために「自粛」を「要請」する「お願い」しかできない。だが、第二次安倍政権は「討議」をはぐらかし、脱臼させる話法をとってきたために、人びとの「感情」を掻き立てる言葉も、「理性」を通じて説得する言葉も持たなかった。感染が収束しなければ、四割の支持層も失うことになる（実際、支持率は大幅に低下した）。その結果、支持率を回復させようと「わかりやすい民意」に反応する「耳を傾けすぎる政府」となり、場当たり的な対策を乱発したという（西田、辻田、前掲書）。

二〇一三年にインターネット上の選挙活動が解禁された。自民党内ではネット上の世論の収集や分析（ソーシャル・リスニング）をおこなう対策チームが立ち上げられた（現在は解散）。第二次安倍政権の内閣広報室でも、ニュースやワイドショーの発言内容の詳細な記録をとるなど、テレビやネットの言説が細かくチェックされていた。たとえば、中国の武漢から日本人をチャーター機で帰国させる際には、「ネットでこう批判されているぞ」「テレビの全チャンネルでこう言われている」などの官邸幹部の声によって、対応が二転三転したという(西田、辻田、前掲書)。もちろん、ネットやワイドショーの「世論」は「討議」によって整理され、洗練された言説では決してない。大衆の「直観」や「感情」がそのまま反映されたものだ。

政治において正統性と効率性は対立する

政治学者のヴァン・レイブルックによれば、現在の民主主義は「正統性」と「効率性」の危機に直面している(ダーヴィッド・ヴァン・レイブルック『選挙制を疑う』岡崎晴輝、ディミトリ・ヴァンオーヴェルベーク訳、法政大学出版局、二〇一九年)。「正統性」とは人々が政策に納得し、その政府を支持することだ。しかし、「正統性」を追求しすぎると、政策を迅速に実施する「効率性」が失われる。いっぽうで、「効率性」に重点を置くと、民意を無視した独裁体制に行き着いてしまう。「正統性」と「効率性」は互いに対立するが、民主主義は両者のバランスをうまくとった政治体制だった。

しかし、民主主義はいまや機能不全におちいり、「正統性」と「効率性」が互いに対立し合っている。たとえば、新型コロナウィルス禍以前のEUを例にとるとわかりやすい。EUでは欧州中央銀行の官僚や専門家（テクノクラート）が金融政策や経済政策を決定したが、このような「政治のテクノクラシー化」は「効率性」を追い求めたものだ。たいして、EUの緊縮政策に反発するデモや占拠活動がおこなわれ、ポピュリズム政党が躍進したが、いずれも直接民主主義や選挙を通じて「正統性」を主張したものだった。

レイブルックはこのような対立の原因を選挙制度に求めている。ジャーナリズムの商業化、インターネットの普及、市民団体や地域社会の衰退によって、国家と個人の中間地帯である「市民社会」が力を失った。「市民は消費者になり、投票は衝動買い」となり、「正統性」と「効率性」を両立させることが難しくなったという。本書の文脈で言い換えると、市民的公共性が腐敗し、「道徳感情」のままに生きる「大衆」と「功利主義」的なエリートが対立している、ということだ。

抽選制は民主主義的であり、選挙制は貴族主義的である

レイブルックは選挙制に代わってくじ引きによる抽選制を提案している。というのも、選挙制に比べて抽選制のほうが民主主義的だからである。

抽選制はすべての人に政治に参加する機会を平等に与えるため、統治者と被治者、支配者

と被支配者の区別がなくなる。たいして選挙制は専門能力を持つ有能な人物を選ぶ手段だった。たとえば、古代ギリシャのアテナイでは抽選で選ばれた市民がポリスの要職についたが、専門性の高い「財政」や「軍事」の役職は選挙制で選ばれたという。選挙制は能力が高い人物や信望を集める人物が選ばれやすく、エリート主義的で貴族主義的なのである（ちなみに保守主義の祖と言われるバークは抽選制に批判的だった）。

もちろん、選挙制においても、統治者と被治者の交代はおこなわれる。しかし、日本でも世襲議員の多さが指摘される通り、「有能な統治者と無能な被治者という区別」が固定化されてしまう。当然ながら、統治者と被治者の区別が固定化されると、地位を利用した賄賂や自らに近しい縁故者を優遇する「縁故主義」といった腐敗がはびこることになる（実際はびこっている）。いくら清廉潔白な人物でも堕落を許す「環境」にいると、自らを律することは難しい（「大審問官ＡＩ」が実現できれば、「縁故主義」の心配はなくなるが）。

有能そうなルックスの持ち主が当選しやすい

ところで、選挙制が「有能な統治者」を本当に選ぶことができれば、制度としてはまだマシかもしれない。しかし、近年の研究で判明しているのは、有能そうな顔の持ち主が選挙で当選しやすい、ということだ。心理学者のアレクサンダー・トドロフによれば、候補者の顔だけで選挙結果を約七割的中できる［図6、図7］。見た目の「魅力」や「感じの良さ」はもちろんだが、有能に見えるかどうか、が投票に影響を与えるという（アレクサンダー・トドロフ『第一印象の科学――なぜヒトは顔に惑わされてしまうのか？』作田由衣子監修、中里京子訳、みすず書房、二〇一九年）。

とくに候補者のルックスに影響を受けやすいのは、ポテトチップスを食べながら長椅子に転がりテレビを視聴する「政治に無知なカウチポテト」と呼ばれる人々である。日本でいうと、「ミヤネ屋」のようなワイドショーばかり見ている「無党派層」だろうか。また、「投票者の知識不足、さして重要ではない選挙、候補者が三人以上いる場合に情報を得るのが大変な場合、そして党よりも候補者中心の選挙の場合」で影響がより大きくなる。つまり、有権者の多くが政治的無知＝バカであると候補者の顔だけで選挙結果は決まってしまうわけだ。

もちろん、有能そうな顔の持ち主が本当に有能であれば、なんの問題もない。顔のつくりから能力や性格を判断する観相学が一九世紀に大流行した。しかし、観相学の知見は科学的に否定されている。有能そうな顔の持ち主が有能であるとは限らない。だが、私たちがわずかな情報から「第一印象」を形成し、不確かな「ステレオタイプ」に基づいて他人の能力や性格を誤って推測することは事実なのだ。

また、そのときの政治状況によって、選挙に影響を与えるルックスは変化する。戦争とい

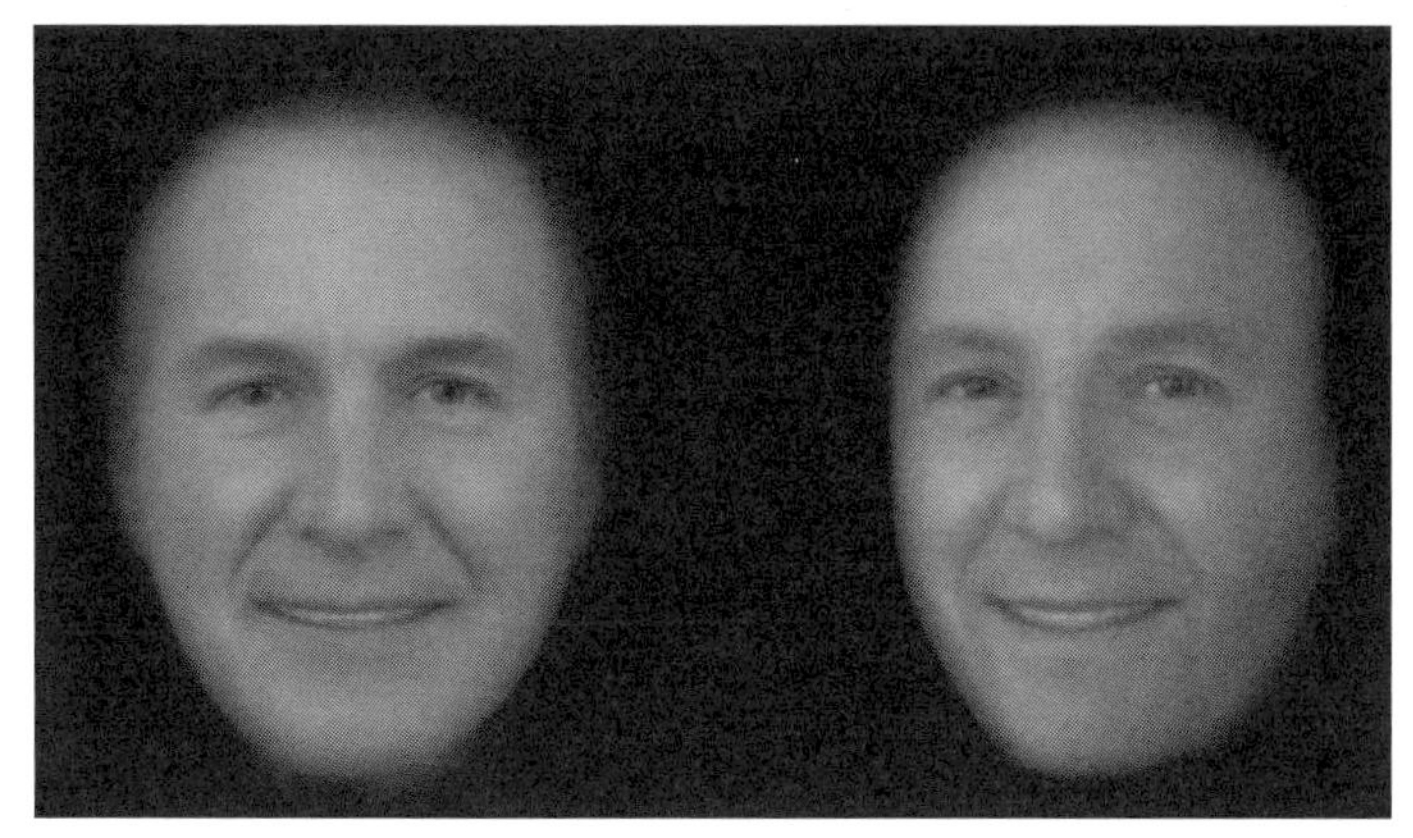

図6　左側の顔は、対立候補者よりも有能だと受け取られた政治家の顔をモーフィング（合成）して作成したもの。右側の顔は、彼らの対立候補者たちの顔をモーフィングして作成したもの。出典：アレクサンダー・トドロフ『第一印象の科学』

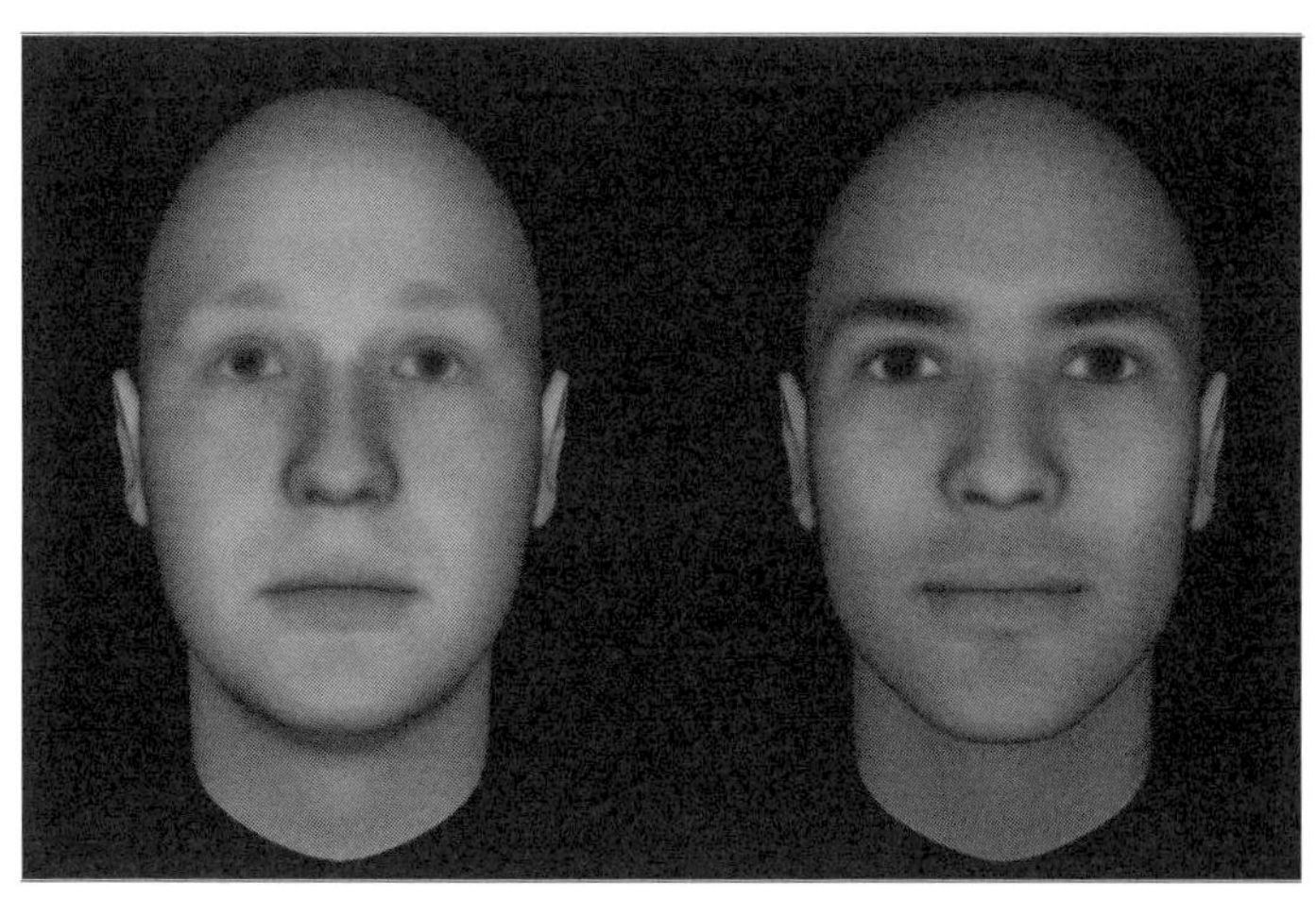

図7　無能な顔（左）と有能な顔（右）の印象を可視化した画像。
出典：トドロフ、前掲書

った危機が迫るときは「支配的」「男性的」な顔が選ばれやすく、平穏な時代には「知的」「寛容」な顔が人気となる。これは、同じく政治傾向によっても変化する。保守派は「支配的」で「男性的」な顔を、リベラルは「非支配的」で「女性的」な顔を選ぶ傾向がある［図8］。たとえば、小説家の百田尚樹が保守派に人気があるのは、その顔立ちも大きな要因となっているのではないか。いかついスキンヘッド、太くて濃いまゆげ、ずんぐりした大きな鼻といった特徴は、保守派に好まれる「支配的」で「男性的」な見かけである［図9］。また、保守系の雑誌はリベラル系の雑誌と比べると、執筆者の顔写真が多く掲載されている。保守系雑誌は「在日特権」などのフェイクニュースの温床だと言われてきたが、読者の「第一印象」を重視し、大衆の「直観」や「感情」に訴える誌面を目指しているのかもしれない。

「人は見かけによらぬもの」ということわざがあるように、私たちは他人を見かけで判断し、しかもその多くを間違える。私たちには非言語的・自動的・無意識的な「直観システム」と言語的・意識的な「推論システム」というふたつの認知システムがあった。「第一印象」によって他人を間違って判断するのは、「直観システム」が引き起こす「バグ」だと考えられている。

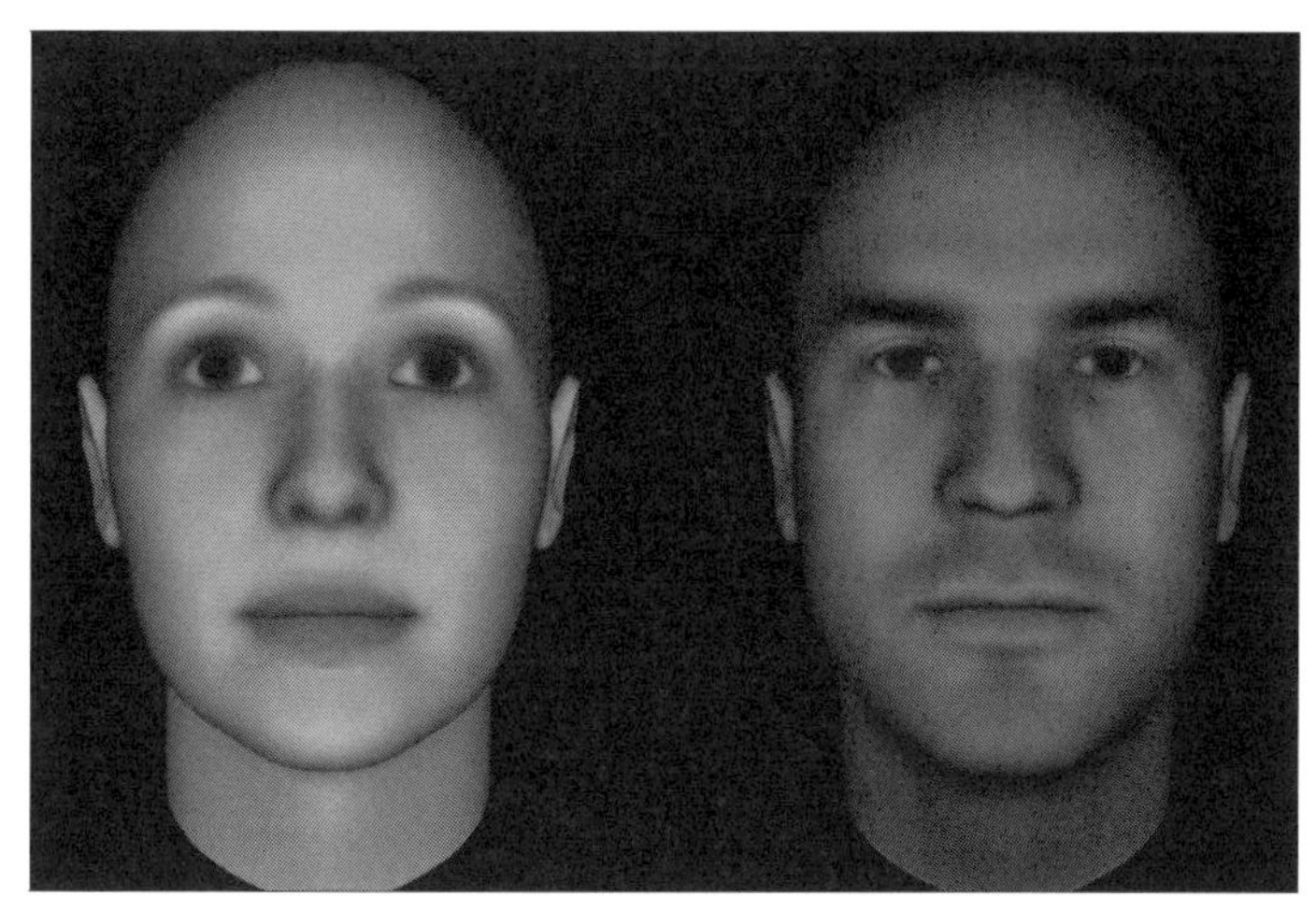

図8　非支配的な顔（左）と支配的な顔（右）の印象を可視化したもの。

出典：トドロフ、前掲書

図9　雑誌の表紙を飾った小説家の百田尚樹

『ニューズウィーク日本版』2019年6月4日号

秘密投票という選択アーキテクチャ

投票の際私たちは仕切りで区切られたボックスに向かい、誰にも見られることなく、投票用紙に候補者の氏名を書く。そして立会人のまえで投票箱に投入する。投票用紙には自分の名前を書いてはならない。候補者の氏名以外を書いてしまうと「他事記載」として無効票となる。日本国憲法に保障された「投票の秘密」(第一五条四項)を守るためである。

行動経済学によれば、人間の選択は環境に左右されやすい。選択の背景となる「環境」=「選択アーキテクチャ」の設計が重要となる。たとえば、私たちにとっては当たり前の投票方法も「選択アーキテクチャ」として分析できる。つまり、「投票の秘密」とは家族、友人、雇用主といった人間関係のしがらみから切り離し、他者に投票を強要されることを防ぐための「選択アーキテクチャ」である。

歴史をふりかえると、さまざまな投票方法が試みられてきた。たとえば、フランス革命期には識字率が低かったために、投票先を声で表明する「公開投票」(発声投票)が実施された(田村理『投票方法と個人主義――フランス革命にみる「投票の秘密」の本質』創文社、二〇〇六年)。「公開投票」は自立的・自律的で合理的な個人という理想に基づく「選択アーキテクチャ」である。真に自立的・自律的で合理的な個人であれば、公衆の面前で堂々と自らの意見を述べなくてはならない。家族、友人といったしがらみを断ち切れる強い個人でなければならない。しかし、学校のクラス会や会社の会議を見ればわかるように、人気のある者や地位の高い者が発言力を持ち、多くの人はそれに追随する。

たいして、「秘密投票」は人びとが他者や環境に依存し、その影響を受けやすいことを認めている。それでもなお、投票の瞬間だけは自立的・自律的で合理的な個人として振る舞えるように設計された「選択アーキテクチャ」だった。だが、いまや選挙は「大衆」の本能的・感覚的思考がそのまま反映する。昨今の選挙は投票率の低さが問題視され、選挙のたびに「投票へ行こう!」と呼びかけられる。しかし、政治的に無知な人びとが投票すれば、有能そうな顔の持ち主が当選するだけなのだ。有能そうな顔の持ち主が国会で討議をおこなっても、当然ながら「理性」に基づいた「スロー・ポリティクス」からはほど遠い、レベルが低いものとなる。

討論型世論調査は良い市民をつくりだす

レイブルックは選挙制に代わってくじ引きによる抽選制を提案している。具体的には抽選で議員を選出し、その議員たちが専門家の協力を得つつ十分な情報のもと、熟議(討議)をおこなう。その試みとして、ジェイムズ・フィシュキンの「討論型世論調査」を紹介している(ジェイムズ・S・フィシュキン『人々の声が響き合うとき――熟議空間と民主主義』曽根泰教監修、岩木貴子訳、早川書房、二〇一一年)。「討論型世論調査」は通常の世論調査とおなじく無作為抽出で一〇〇〇～三〇〇〇人を選び、そのなかから討議の参加者を二〇〇～四〇〇人選ぶ。テーマについての必要な情報が提供され、参加者は三日間討論をおこなう。訓練されたモデレーターの司会のもとで一五人程度の小グループで議論をおこなったあと、テーマに関わる専門家や政策担当者に質疑する場が設けられる。小グループでの討論、参加者全体の会議を一、三回繰り返す。そして、最後に参加者の意見がどのように変化したかが調査される。討論に費やされる三日間の日当も支払われる[図10]。

フィシュキンによれば、参加者たちの多くが討議をへたあと、政策についての考えが大きく変化し、政治的な知識が深まったことで社会全体の公益にかなう政策を選択した。また、カトリック系とプロテスタント系の住民が対立する北アイルランドで実施したところ、「対話」を通じて参加者の間に「十分な相互の信頼と敬意」が生まれたという。このことから「討論型世論調査」が「より良い市民」をつくり出すとしている。

大衆は「人間本性」によるバカ(認知バイアス)と「環境」によるバカ(政治的無知)がかけ合わさった状態である。たしかに討論型世論調査では「バカ」な言動をうまく抑え、「推論システム」を働かせられる「環境」が設計されている。すでにみたように、選挙で自らの意思が反映されない無力感が政治的無知の原因だった(合理的無知)。二〇二〇年の東京都知事

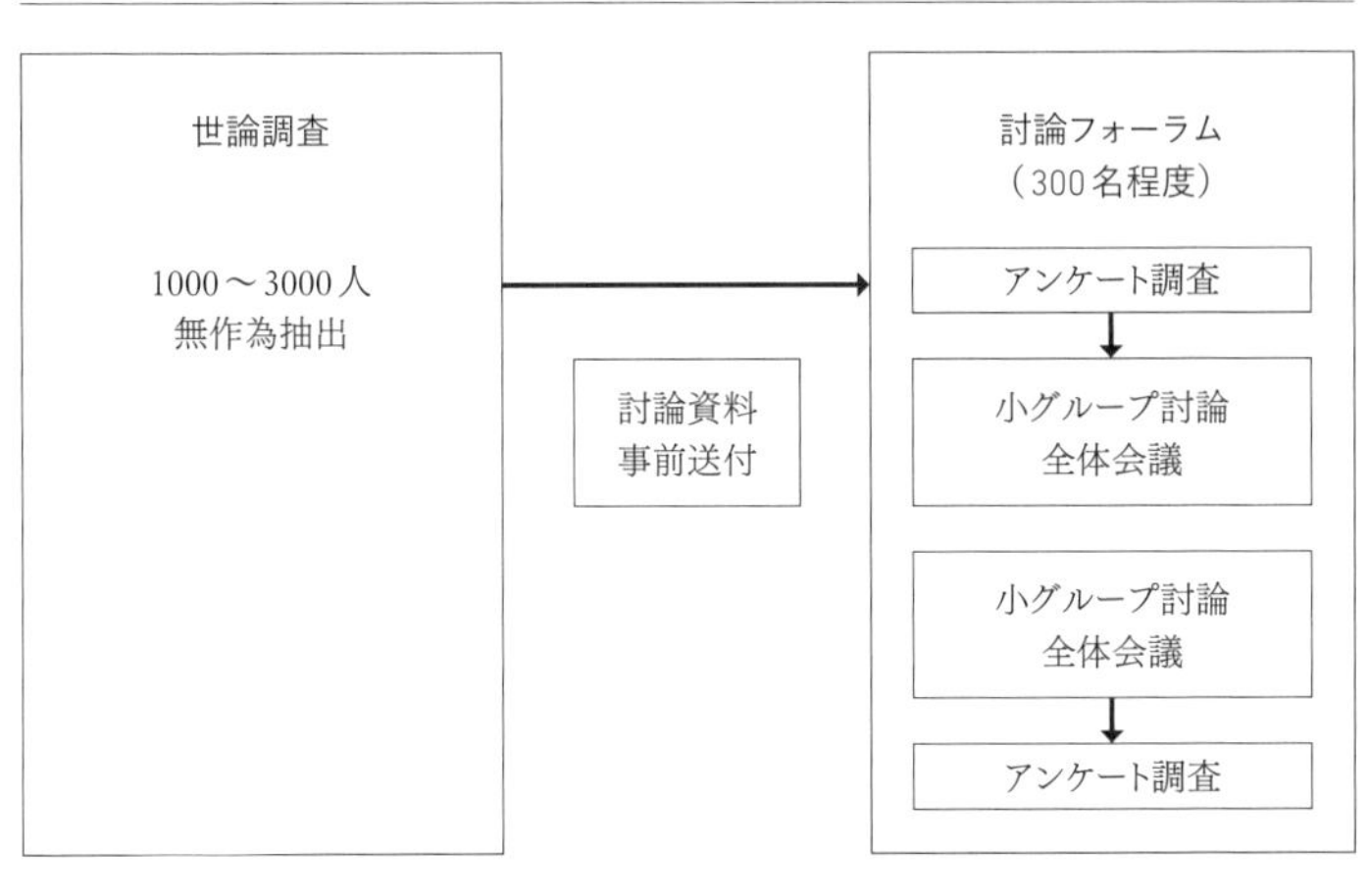

図10　討論型世論調査の構成図

出典：ジェイムズ・S・フィシュキン『人々の声が響き合うとき』

選では都民一人の決定は一一二九万二二九分の一に過ぎない。しかし、討論型世論調査では参加者全体では四〇〇分の一、小グループでは一五分の一の決定の重みを持つ。自らの意思が政治に反映される実感があれば、政治的知識を学ぶ意欲を持つだろう。また、議題のテーマをひとつに絞れば、膨大な知識を獲得する必要もない。専門家に直接質問できるのでより効率的に学ぶことができる。そして何より「日当」が支払われれば、労働やケアといった「生活」に追われずに済む。

同じ考えを持つメンバー同士で話し合うと、議論が極端な方向に先鋭化する（集団分極化）。声の大きい発言者や多数派に人びとは同調する（同調圧力）。しかし、参加者を抽選で選ぶことで意見の多様性を確保し、訓練されたモデレーターの司会によって発言の機会に偏りが生じるのを防いでいる。また形式的にグループに割り振るだけで「内集団バイアス」が発生するので、「民族」や「宗教」という「道徳部族」を超えた「熟議」が可能となったのかもしれない。たしかに討議型世論調査においては、私たちの「バカ」な言動を防ぎ、理性的な討議を可能にする「条件」＝「環境」が整えられている（逆にいうと「よい市民」になるように「管理」され「統治」されているわけだが）。

日本のポピュリズムを振り返ると、財政と軍事の問題だった

さて、レイブルックはこのような知見を踏まえ、民主主義の危機を解決するために選挙制議院と抽選制議院という二院制議会を提案している（任期は一〜三年間、報酬はなるべく高いのが「ベスト」だという）。もちろん、中央政府の議員を抽選制にすると、必要な政治的知識が膨大になるし、より細かな制度設計が必要となる。とはいえ、現在の労働環境を考えると、数年間のブランクをへて元の職場に復帰することはかなり難しい（金・土・日の三日間で実施する討論型世論調査でさえも嫌がる人が多いかもしれない）。レイブルックやフィシュキンがモデルとしたアテナイの民主主義は、市民（男性）が抽選制で選ばれるものの、女性や奴隷は選ばれなかった。市民（男性）は女性や奴隷に「生活」のための労働を押し付けることで、政治的知識を獲得

したり、他の市民と熟議する時間が豊富にあったわけである。このことは別の意味で「合理性」が個人レベル（市民＝男性ひとり）ではなく、集団レベル（市民＝男性＋女性＋奴隷）でようやく達成できる事例ではないか（大屋、前掲書）。もちろん、現在ではこのような差別的な制度は許されない。であれば、「より良い市民」を生み出すためには抽選制議会と併せて、ベーシック・インカムといった「生活」を保証する仕組みが必要ではないか。一国内のベーシック・インカムでは誰にお金を配るのかといった線引きの問題が発生するので、より理想を言えば、私たちを「生活」に追い立てるグローバル資本主義を打倒する共産主義革命を起こさねばならない。

また、抽選制議会は「効率性」と「正統性」のバランスを目指すもので、両者の対立は不断に起きるはずだ。アテナイの民主主義においても専門性が求められる「財政」と「軍事」の要職は選挙で選ばれたが、近年の日本のポピュリズムを振り返ると、「財政」と「軍事」をめぐる運動だった。たとえば、二〇一二年には大飯原発再稼働に反対する脱原発デモが広がったが、原子力発電は「核武装の技術的潜在力」とみなすべき安全保障の問題であった（吉岡斉『新版 原子力の社会史——その日本的展開』朝日選書、二〇一一年）。

二〇一三年には特定秘密保護法、二〇一六年には集団的自衛権を認める安保法制への反対運動が起きたが、いずれも「軍事」の問題であった。日本でもリフレ経済政策やＭＭＴ（現代貨幣理論）を掲げる反緊縮運動が広がったが、「財政」の問題である。安全保障や金融政策は秘匿性が高く、迅速な対応がしばしば求められる。国際的な影響が大きく、一国の中央政府の決定は限定されやすい。たとえば、民主党政権（当時）が普天間基地海外移転や脱原発政策を実現できなかった際には、アメリカの影響力の大きさが改めて認識され、白井聡『永続敗戦論──戦後日本の核心』（太田出版、二〇一三年）や孫崎享『戦後史の正体』（創元社、二〇一二年）といった対米従属論が流行した。

もちろん、エリートや専門家の政策が「効率的」であるからといって、統治者と被治者の区別が固定化されると当然「縁故主義」といった腐敗がはびこることになる。「効率性」を求めるエリートと「正統性」を求める「大衆」の対立が不断に起きるのが政治である。

資本主義と民主主義が対立している

「効率性」と「正統性」の激しい対立の背景には、選挙制の問題だけではなく、「民主制資本主義」（シュトレーク）の危機がある。社会学者のヴォルフガング・シュトレークによれば、民主主義と資本主義は対立する。市場経済によって貧富の差が拡大すれば、貧困層（多数派）が富裕層（少数派）の富を奪って再分配するからだ。しかし、第二次大戦後の自由主義諸国においては多くの人々が経済成長の分け前にあずかったため、「民主制資本主義」が定着した。

シュトレークはこれを「資本主義と民主主義のできちゃった結婚」と呼んでいる。

しかし、一九七〇年代以降、先進諸国の経済成長は低迷し、「民主制資本主義」は危機を迎えている。「民主主義的な干渉から市場経済を保護する制度」がつくられ、たとえばヨーロッパの経済政策は「欧州委員会や欧州中央銀行などの超国家機関に支配される」ようになり、「国民の民主的手段の届かない」ところで決定されている（ヴォルフガング・シュトレーク『資本主義はどう終わるのか』村澤真保呂、信友建志訳、河出書房新社、二〇一七年）。すでに説明したように、官僚や専門家（テクノクラート）による「効率性」を求めた「統治」である。たいして反緊縮政策やＥＵ離脱を掲げるポピュリズム＝民主主義的な「正統性」を求める運動が起こったのだった。

近年注目を集めた「オルタナ右翼」や「新反動主義」といったリバタリアン思想も資本主義と民主主義の対立として理解できる。PayPal の創業者ピーター・ティールは二〇一六年のアメリカ大統領選でドナルド・トランプを支持し、「自由と民主主義はもはや両立しない」というティールの発言はオルタナ右翼の思想に大きな影響を与えたという（木澤佐登志『ダークウェブ・アンダーグラウンド――社会秩序を逸脱するネット暗部の住人たち』イースト・プレス、二〇一九年）。実際にティールは「民主主義」から脱出（Exit）するために五〇万ドルを出資して、南太平洋に「シーステッド」という海上自治都市を建築する研究所を設立している。二〇二〇年までに約一億六七〇〇万ドルをかけて三〇〇〇人分の住居やホテル、オフィスなどを建設する計画で、二〇五〇年頃までに独自の統治モデルを掲げるシーステッドを一〇〇〇島ほどつくることを目指している（渡辺靖『リバタリアニズム――アメリカを揺るがす自由至上主義』中公新書、二〇一九年）。しかも研究所の所長は、新自由主義の経済学者として知られるミルトン・フリードマンの孫であるらしい。

新反動主義者として知られるソフトエンジニアのカーティス・ヤーヴィンも「自由にとって民主主義は悪である」と主張し、「擬似封建的な都市国家システム」を構想しているという（木澤、前掲書）。一種の企業のような都市国家をCEOのような君主が統治する。市民は株主のように振る舞い、不満があれば他のCEO＝君主が運営する都市国家に移住できる。そのため都市国家＝企業同士の競争が促され、より良いサービスが充実する、という発想である。

さて、このように民主主義の「正統性」を疑問視する議論は、「民衆は愚かだ」と決めつける愚民思想を前提としている。つまり、バカな言動が反映されたバカな民主主義に振り回されては堪（たま）らないので、私たちに脱出（Exit）する自由を与えよ（リバタリアン）、もしくは市場経済を活用せよ（ネオリベ）、というわけである。たしかに政治的無知（合理的無知）を指摘した論者も、リバタリアン的な、もしくはネオリベ的な解決案を示している。

本書で繰り返し参照してきた法哲学者のイリヤ・ソミンは、アメリカの連邦制を活かして自分の支持する州政府に移住する「足による投票」を提案している（ソミン『民主主義と政治的無知』）。有権者は移住先を判断するために必要な情報を獲得するし、国全体ではなく州だけなので、必要な政治的知識も少なくて済む。また州政府同士の競争を促すために行政のサービスの質も向上する、というわけだ。

『選挙の経済学』（日経BP社、二〇〇九年）のブライアン・カプランも、人びとが「合理的無知」であるだけでなく、経済学者の知見に反する「反市場バイアス」があることを指摘した。たとえば、自由貿易を否定して保護主義的な政策を求める「反外国バイアス」がある（中国製品に高い関税を課したトランプ政権にぴったり当てはまる）。カプランは市場に悪影響をもたらす民主主義を批判し、「私的選択と自由市場」を活用することを唱えている。

たしかに彼らが指摘するとおり、ポピュリズムは政治的無知と表裏一体の政治運動である。このことについて次章で詳しく見ていこう。

第4章

ポピュリズムは道徳感情を動員する

管理監視社会と並行するポピュリズム

二〇一九年の参議院議員選挙では「れいわ新選組」や「NHKから国民を守る党」（当時）が議席を獲得し、「ポピュリズム」という言葉が広く知られた。また、西欧ではEUが求める緊縮財政にたいして財政出動や社会福祉の充実を訴える左派ポピュリズム（スペインのポデモスなど）や、移民の制限やEUからの脱退を唱える右派ポピュリズム（フランスのルペン、ドイツのAfDなど）が躍進した。二〇一六年にドナルド・トランプがアメリカ大統領選で勝利し、イギリスは国民投票の結果、EUを離脱することになった。「市民運動」という言葉が使われなくなったのは、「市民的公共性」が衰退していることに私たちはうすうす気づいているのではないか。

「闘技民主主義」を唱えたシャンタル・ムフという政治哲学者がいる。コンセンサスや合意を重視する「熟議民主主義」にたいして、「闘技民主主義」は対立や不一致に重きを置くものだ。ただし、対立や不一致といっても、相手を殲滅(せんめつ)すべき「敵」とみなすことはない。自由な民主主義という共通のゲームを興じるライバルとみなすがゆえに、対立や不一致こそが重要だと考える。しかし、近年のムフは「左派ポピュリズム」を支持するにいたったという。ムフの転換には「イデオロギーや主張を闘わせるための公共空間」「語るための公共空間」そのものが失われた、という認識がある（山本圭『アンタゴニズムス――ポピュリズム〈以後〉の民主主義』共和国、二〇二〇年)。たしかに「語るための公共空間」がなければ、合意も対立もありはしない。ムフの転換はサンスティーンの転換と同じ地平にある。いずれも市民的公共性の腐敗へのリアクションである。しかし、サンスティーンは「認知バイアス」を利用して人々を誘導する「リバタリアン・パターナリズム」を掲げるが、ムフは「左派ポピュリズム」の戦略をとる。管理監視社会化とポピュリズムは並行する現象なのだ。

ポピュリズムは部族主義を利用する

ポピュリズムは「敵と味方を峻別する発想が強い」ことが知られている(水島治郎『ポピュリズムとは何か——民主主義の敵か、改革の希望か』中公新書、二〇一六年)。私たちには仲間かどうかを直観的に判断し、仲間だと認めたものをひいきする「部族主義」がある。「内集団バイアス」自体をなくすことは難しい。民族、人種、性別、年齢などが仲間かどうかを判断する指標となりやすい。しかし、部族を分ける指標は固定されていない。社会心理学の実験では、コインをトスして表が出たグループ、裏が出たグループで被験者を分けたところ、同じグループの人に選好を持つことが確認されたという。形式的に分けられたグループであっても、私たちは仲間意識を持つのである。

またハリウッド映画によくあるように、宇宙人やエイリアンといった共通の「敵」が現れると、それまで仲違いしていた人々は団結する。アメリカの「分断」はソ連という共通の敵を失なったからだという論者もいる（クリスタキス『ブループリント』）。グループを形式的に分けて、敵を作ることで集団内で団結するという習性は社会で広く利用されている。軍隊や企業といった大きな組織は小さな集団をつくって、他のグループ（敵）と競わせることでメンバーの結束力を高めている。このような知見を踏まえて、ジョセフ・ヒースは「人種」や「民族」といった差別をもたらす指標ではなく、有害ではない指標にすり替えることを提案している（ヒース『啓蒙主義2・0』）。

ポピュリズムは部族主義をうまく利用したものだ。たとえば、「フェミニズム」では「女性」（性別）、「SDGs（持続可能な開発目標）」活動では「Z世代」（年齢）といった指標がよく使われる。また「部族」になりやすい指標をそのまま活用するだけでなく、共通の「敵」をつくりだすことで、人種、民族、性別、年齢といった「部族」の違いを超えて、「われわれ」として団結することも目指している。たとえば、左派ポピュリズムは政治を独占するエリートや富裕層、マジョリティの特権を固守する差別主義者を敵とみなす（階級、マジョリティ／マイノリティが指標となる）。たいして、右派ポピュリズムの敵は外国勢力や社会福祉を受ける移民となる（人種、民族や国家が指標となる）。

ところで、「内集団バイアス」は同じTシャツを着るだけでも発生する。ユニフォームや制服はこの人間本性をうまく利用して、集団の結束力を高めている。二〇一一年の脱原発デモ、二〇一六年の安保法制反対デモはさまざまな政治的立場の人を「動員」するために、政治争点をひとつに絞った「シングル・イシュー」型の運動であった。興味深いことに、多くのデモ参加者は「シングル・イシュー」のスローガンをグッズとして身につけていた。たとえば、「NO NUKES」というステッカーや、俳人の金子兜太の筆による「アベ政治を許さない」の缶バッジなどだ。「シングル・イシュー」のグッズはユニフォームや制服と同じ役割を果たしていた。「原子力」や「安倍晋三」といった共通の「敵」を指し示し、さまざまな「部族」（アイデンティティ）の違いを超えて「脱原発」や「反安倍」という「われわれ」＝新しい部族の団結力を高めるための道具だった。

ポピュリズムと政治的無知は表裏一体である

くわえて注意すべきは、ポピュリズムが大衆の政治への無力感や疎外感を利用した「部族主義」であることだ。大衆は自らの「生活」にしか興味がない。自らの意思が政治に反映されない無力感がある。そのために政治について無関心である。だが、当然ながら大衆は「生活」において貧困や差別といった問題に直面する。市場経済は貧富の差という「階級」の問題を必ずもたらす。市民的公共性が機能していれば「生活」で直面する問題を「同業組合、労働組合、政党、NPOやNGO」といった「市民社会（団体）」が取り上げて、社会問題化してきた。しかし、いまや市民的公共性という「回路」は機能していない。

さて、現在のポピュリズムを考えるうえで、政治学者の丸山真男による「政治的無関心」の分析が参考になる（丸山真男「政治的無関心」『政治の世界 他十篇』岩波文庫、二〇一四年）。丸山によれば、現代の政治は複雑化し、国際的な影響力を受けるようになった。そのために、「大衆の無力感」が強まっている。「自己の生活に重大な影響をあたえ、場合によっては生死にかかわるような政治的決定がどこか自分たちの手の遠くおよばぬ処で、自己の到底コントロールしえないような何びとかによって、しかも自己の知りえないような複雑なメカニズムを通しておこなわれている」という疎外感に「大衆」がとらわれ、その結果「どうにも仕方がない」という「諦観と絶望」が生まれている。このような「無力感」が「政治的無関心」の理由である。しかし、丸山によれば、「大衆」の「無力感」は単なる「静的な諦観」ではなく、その奥底には「焦燥と内憤」が渦巻いており、「非合理的激情として噴出」することになる。

もちろん、丸山真男は「無力感」と背中合わせとなった「非合理的激情」には否定的だった。デモ隊が国会議事堂を包囲した安保闘争の際には「非日常的な政治的高揚よりは日常的な関心の持続の必要」を説いている（松本礼二解説「丸山眞男と戦後政治学」『政治の世界』）。「大衆」の「政治的無関心」に関する丸山の分析はファシズムを念頭に置いて一九五〇年代に書かれたものだが、政治学者の苅部直がいうように「二十一世紀初頭の政治の現実に、ぴったりくるような指摘」である（苅部直『丸山眞男――リベラリストの肖像』岩波新書、二〇〇六年）。吉本隆明は丸山真男を「大衆」を嫌悪していると批判したが、かなり的を射た分析ではないか。

ポピュリズムは、大衆の政治への疎外感や無力感を背景にしつつ、「敵」を巧みにつくり出す。「あいつら」が「生活」を苦しめるばかりではなく、「われわれ」の意志を政治に反映することを妨害する「敵」なのだ、と。すると、大衆の政治への疎外感は反転し、これまで無関心だった政治に熱狂することになる。当然、市民的公共性という「回路」が失われているために、大衆の「不満」はデモや占拠活動といった直接行動や、選挙で選出されたカリスマ的なリーダーを通じて表現される。しかし、「政治的無関心」は私たちが「政治的無知」となる原因でもあって、ポピュリズムは当然ながら「バカ」げた言動におちいりやすい。ポピュリズムと政治的無知は表裏一体なのである。

私たちは階級や所得よりも民族や人種によって区別しやすい

ポピュリズムは私たちの部族主義を利用する。しかし、その部族の指標は固定されていない。そのために共通の「敵」を巧みにつくり出し、従来の部族（アイデンティティ）の違いを超えて団結する。とはいえ、「民族」や「人種」を指標とする右派ポピュリズムのほうが、「階級」を指標とする左派よりも大衆の直観や感情には訴えかけやすい。

人類学者のジョセフ・ヘンリックが指摘するように「内戦の真の原因は、民族あるいは宗教の違いであって、階級や所得や政治的イデオロギーの違いではない。なぜなら、ヒトの心理はもともと、社会を民族に切り分けるようにできており、階級やイデオロギーで分類するようにはできていないからである」。もちろん、「民族」や「人種」という区別に大した「遺伝的根拠」はない。しかし、私たちは同じ「文化」を持つ他人を模倣する傾向がある。そのため、「文化進化には、だれもがもっている部族意識を利用して、社会を特定のやり方で切り分けようとする働き」があり、そのときに「人種」や「民族」といった区別が生まれてしまう（ヘンリック、前掲書）。

このような人間本性によって、本来は貧富の差といった「階級」や「所得」の対立が、「民族」や「人種」の対立にすり替わる「バグ」が起きているのではないか。近年の排外主義の背景には、グローバリゼーションによって先進諸国の下位中間層が没落したことが挙げられる。しかし、二〇一六年のドナルド・トランプの登場やイギリスのEU離脱のように、移民を制限し、外国人を排斥する「民族」や「人種」の対立になってしまっている。

ポピュリズムは「許せない！」という道徳感情を利用する

シャンタル・ムフは左派ポピュリズムにおいて「感情」を「動員」することの重要性を語っている（シャンタル・ムフ『左派ポピュリズムのために』山本圭、塩田潤訳、明石書店、二〇一九年）。たしかに、左派は右派に比べて理知的な啓蒙や教育を重視し、感情が政治に果たす役割を軽視してきた。しかも、いまや「ご飯論法」のように「討議」自体を「腐敗」させる話法が蔓延し、理性的な議論を成立させることが困難となっている。であれば、ポピュリズムが「感情」の「動員」を説くのは当然だろう。そのなかでも最も利用される「感情」が「怒り」である。

私たちはまず「感情」や「直観」によって道徳的判断をおこなう。「部族」のルールを破ったものや異なる道徳部族には「許せない！」という「怒り」を感じる。このような「道徳感情」がポピュリズムに利用されている。

ポピュリズムにおいて「感情」を「動員」する典型的な言説のひとつが「フリーライダー」への非難だ。集団の利益を受けながら対価を払わない裏切り者を発見することに私たちの脳は長けている。群れの利益にただノリするフリーライダーが多数を占めれば、群れは食い潰される。そのため、進化の過程で裏切り者を罰したいと強く感じるようになったと考えられている。

進化心理学でよく知られる「四枚カード問題」というものがある（吉川浩満『人間の解剖は猿

の解剖のための鍵である』)。四枚のカードには表面にはアルファベット、その裏面には数字が印刷されている。「E」「B」「2」「5」の四枚のカードが並んでいる[図11]。「表が母音ならば、裏が偶数である」というルールが守られているかを調べるために、どのカードをめくれば良いだろうか。答えは「E」と「5」である。大学生でも一〇パーセントほどしか正解できないという。

興味深いことに、少し変更を加えると問題の正解率は大幅にアップする。カードの表面に年齢、裏面に飲み物が印刷されている。「ビール」「ジュース」「二五歳」「一五歳」の四枚のカードがあるとする[図12]。「飲酒するならば、二〇歳以上でなければならない」というルールが守られているかを確かめるために、どのカードをめくれば良いだろうか。答えは「ビール」と「一五歳」である。被験者の八〇パーセント以上が正解するようだ。「数字―アルファベット」よりも「年齢―飲み物」の問題のほうが正解率が高かったのは、飲酒する未成年という「裏切り者」を検出する心理的メカニズムが私たちに備わっているためだと考えられている。

私たちはフリーライダーや裏切り者を罰したいという「道徳感情」を持つ。このような「道徳感情」をうまく利用してポピュリズムは「敵」をつくり出してきた(裏切り者やフリーライダーは部族内の潜在的な「敵」である)。新自由主義を正当化する言説はその典型である。たと

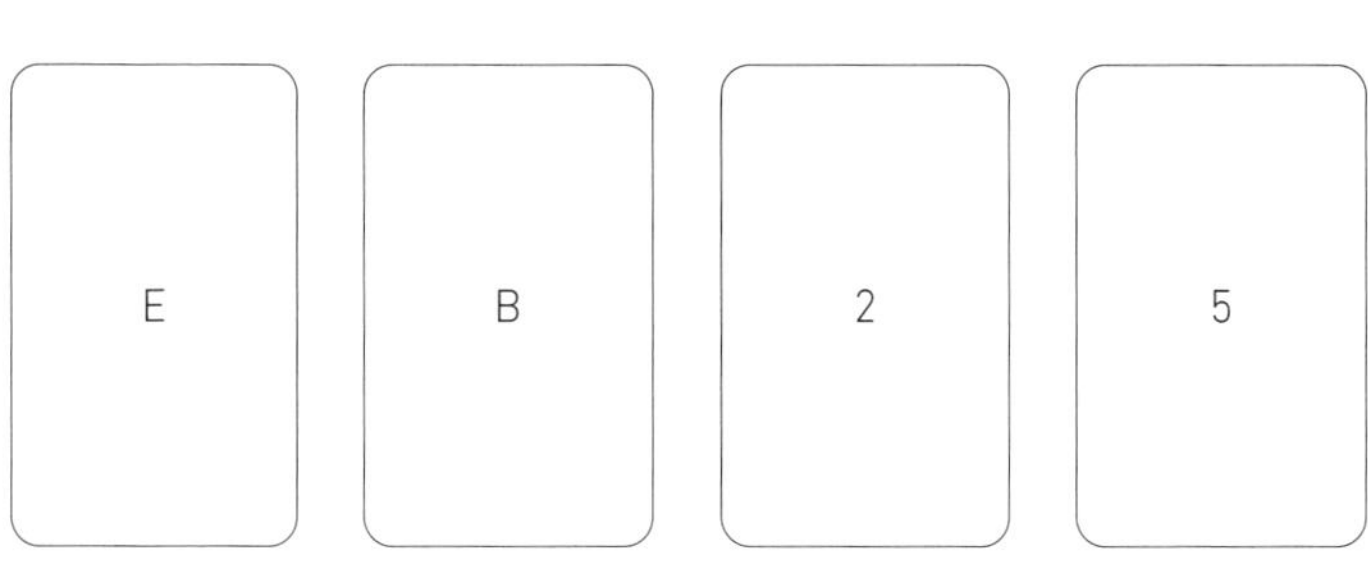

図11　E、B、2、5の4枚のカード
出典：吉川浩満『人間の解剖は猿の解剖のための鍵である』

図12　ビール、ジュース、25歳、15歳の4枚のカード
出典：吉川、前掲書

えば、イギリスのサッチャー首相は労働組合や社会福祉の受給者をフリーライダーと批判し、新自由主義的な改革を推し進めた（サッチャリズムはポピュリズムとしてしばしば言及される）。日本では二〇〇五年の小泉純一郎政権の「郵政民営化」や二〇〇九年の民主党政権による「事業仕分け」、二〇一二年のお笑い芸人の親族の生活保護受給騒動から端を発した「生活保護バッシング」などが挙げられる。いずれも、公務員や生活保護受給者を「フリーライダー」と非難することで、大衆の「道徳感情」を掻き立てて、社会福祉の削減や民営化を押し進めたわけである。

二〇二〇年の菅義偉政権による日本学術会議会員の任命拒否問題においても、元大阪府知事の橋下徹は「こやつら〔＝人文系学者〕の共通点は、税金もらって自分の好きなことができる時間を与えてもらって勉強させてもらっていることについての謙虚さが微塵もない」と批判していた（橋下徹 Twitter2020/10/11）。まさにフリーライダー非難の典型である。「在日外国人が「在日特権」を持って優遇されている」というネット右翼的な言説も当てはまるだろう。二〇一九年には東京池袋の自動車暴走事故を起こした元通産省官僚の男性の逮捕が見送られ、「上級国民」という言葉が流行したことも記憶に新しい。

ポピュリズムはフリーライダーへの非難によって、私たちの「道徳感情」を掻き立ててきた。左派ポピュリズムは政治決定を独占するエリートや課税を免れる富裕層をフリーライダーとみなす。たいして、右派ポピュリズムにおいては、それは福祉の援助を受ける移民や生活保護受給者となる。

リベラルは道徳感情を利用する点では不利だが、文化の違いを超えやすい

ポピュリズムは大衆の「道徳感情」を利用する。ただし、保守派や右派に比べてリベラルや左派は利用できる「道徳感情」が限られている。社会心理学者のジョナサン・ハイトは私たちの道徳基盤も六つのタイプに区別できると指摘した（ハイト『社会はなぜ左と右にわかれるのか』）。ハイトによれば、「ケア／危害」「公正／欺瞞」「自由／抑圧」「忠誠／背信」「権威／転覆」「神聖／堕落」という六つの道徳基盤のうち、保守派は六つの基盤にまんべんなく依拠する［図13］。しかし、いっぽうでリベラルは「ケア／危害」「公正／欺瞞」「自由／抑圧」の三つしか依拠しない［図14］（ちなみにフリーライダーへの非難は「公正／欺瞞」や「忠誠／背信」に当てはまる）。つまり、リベラルに比べて保守派はナショナリズム（忠誠／背信）や、宗教的威信（神聖／堕落）といったさまざまな方法で「道徳感情」に訴えかけることができる。ハイトはリベラルに六つの道徳基盤を取り入れるように提案している。

興味深いのは、左派やリベラルがこのような「弱点」を認識してか、ナショナリズムや愛国心を強調する傾向があることだ。たとえば、従来の左派は天皇制を批判し、元号の使用を

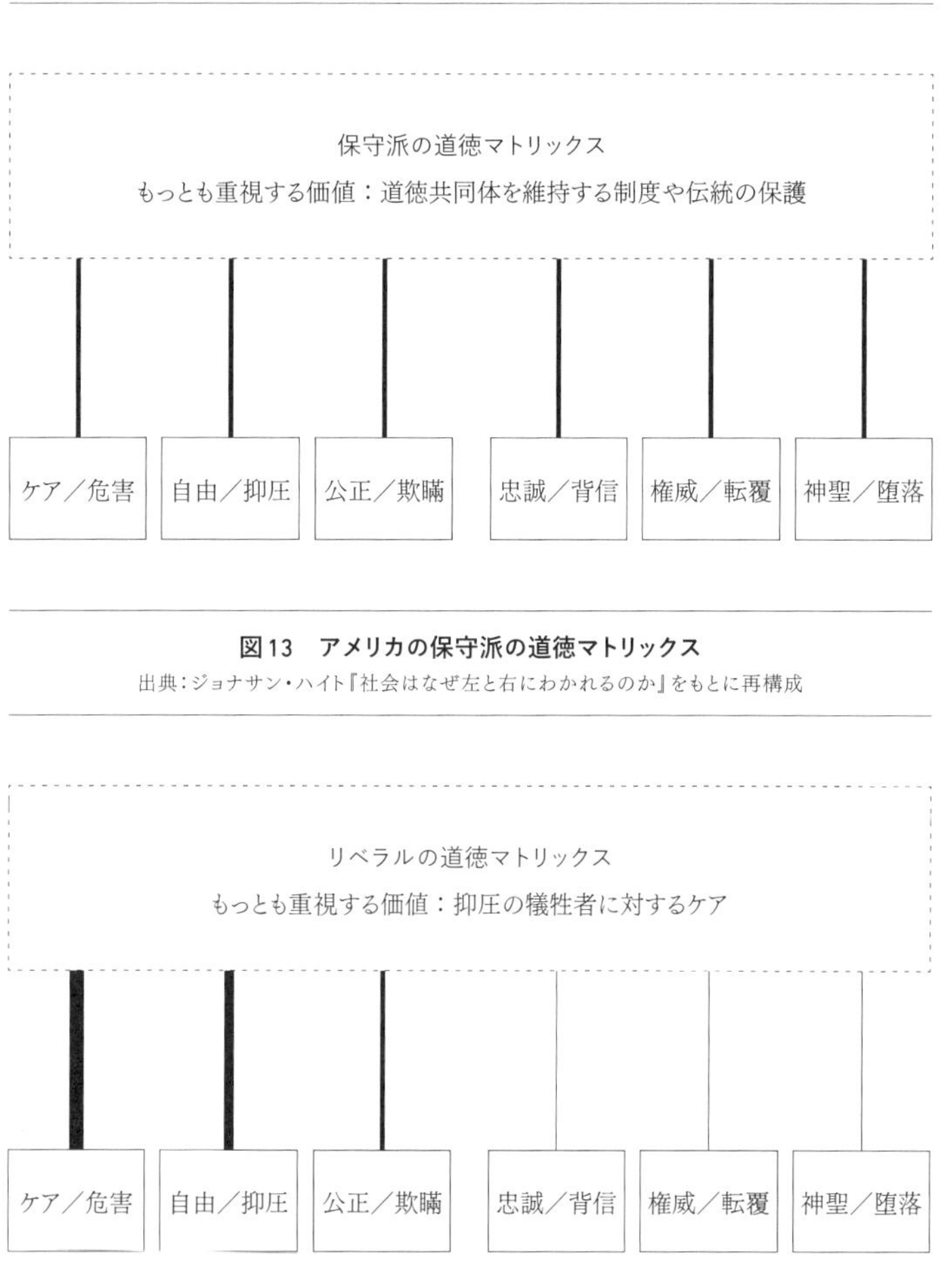

図13　アメリカの保守派の道徳マトリックス

出典：ジョナサン・ハイト『社会はなぜ左と右にわかれるのか』をもとに再構成

図14　アメリカのリベラルの道徳マトリックス

出典：ジョナサン・ハイト『社会はなぜ左と右にわかれるのか』をもとに再構成

避けてきたが、日本の左派ポピュリズムといわれた「れいわ新選組」は政党名に「令和」という元号を用いている。元号を使用することで、ナショナリズム（忠誠／背信）や天皇制（神聖／堕落）に依拠する戦略だろう。また、「平成」の時代には天皇明仁を支持するリベラルが多く存在したが、これもリベラルに希薄なナショナリズム（忠誠／背信）や、宗教的威信（神聖／堕落）を取り入れるためだ。

しかし、そのいっぽうで、道徳基盤にあまり依拠しないリベラルは「礼節」＝「文化」の違いを超えて支持されやすい利点を持つ。一国内だけに限れば保守派に比べて不利になる可能性が高いが、世界全体で見るとリベラルのほうが圧倒的に有利なのだ。二〇二一年に東京オリンピック・パラリンピック組織委員会の森喜朗会長（当時）が「女性がたくさん入っている理事会の会議は時間がかかります」という女性差別的な発言をした際には、日本のリベラル派だけではなく海外メディアからも厳しい批判を寄せられた。

セレブはリベラル化しやすく、その行動は模倣されやすい

多くのハリウッドスターがエコロジー運動やチャリティ活動をおこなっている。日本の芸能人も世界進出を目指すとき、「環境保護」「難民支援」「人種差別」「女性差別」といった社会問題にリベラルな立場からよく言及する。ＳＤＧｓ〔持続可能な開発目標〕活動にも積極

的だ。少し前の俳優の藤原紀香や、最近ではタレントのローラなどがそうだ。二〇一八年にローラは辺野古基地移設問題について Instagram で署名を呼びかけて炎上したことがあった。「美しい沖縄の埋め立てをみんなの声が集まれば止めることができるかもしれないの」と環境保護の立場から基地建設に反対するものだった。一国内の保守派よりも世界全体のリベラルのほうが数は多いのだから、世界的に活躍するセレブがリベラル化するのは、人気商売として当然だろう。

芸能人や有名人の政治的影響力は大きいものだ。人間には他人を模倣する本能がある。なかでも、民族性や性別を共有する人、信望を集める有力者や多数派を模倣する傾向が強い（ヘンリック『文化がヒトを進化させた』）。つまり性別、民族、年齢が共通する有名人を模倣しやすい。たしかにセレブたちが実践する「エコロジー」「動物愛護」「ヴィーガニズム」などは日本でも流行しつつある。

もちろん、人間は「模倣本能」があるが、「コストを伴う習慣や非直観的な信念」はなかなか模倣しない。馴染みのない食物を食べたり、死後の世界を説く宗教を簡単に信じたりはしない。だが、ヘンリックによれば、「手本となる人が、激しい苦痛や大きな財政的痛手などに耐え、身をもってその信憑性を示す」と、模倣されやすくなる。なかでも文化を伝達する最強の方法は「殉教」である。信望を集める宗教指導者が自らの命をもって証明すれば、たとえ「非直観的な信念」であっても爆発的に拡散される可能性がある（「自爆テロ」はそのひとつだ）。

たとえば、ハリウッド俳優のアンジェリーナ・ジョリーが乳がんのリスクを高める遺伝子を持っていることが判明し、予防のために両乳房を切除する手術を受けたところ、乳がんの遺伝子検査を受ける女性たちが増加したという。つまり、アンジェリーナ・ジョリーが身をもって示したこと（両乳房の切除）で、多くの女性を模倣させる原因となったわけである。性暴力に抗議する運動「#MeToo」が世界的に広まった理由のひとつは、ハリウッドの俳優自らが性被害を告発したこともあるだろう。

リベラルはか弱いものへの共感を訴える

リベラルや左派は「討議」といった「推論システム」を重視してきたため、近年ナショナリズムや愛国心を強調する傾向はあるが、保守派に比べて利用できる「道徳感情」は限られている。とはいえ、運動を広く組織しようとすれば、大衆の「直観」や「感情」に訴えかけざるをえない。そのときリベラルや左派が持ち出すのが、「傷つきやすいものへのケア」や「弱者への思いやり」などだ。これらは私たちの「共感」や「惻隠の心」といった「道徳感情」を刺激する言説である（ハイトの道徳基盤説でいえば「ケア／危害」）。「他者の苦しみ」を目の当たたりにすると、私たちの「感情」は激しく揺り動かされる。王が生贄にされる牛に憐みを感じたエピソードにあるように、私たちは人間以外の生き物であっても、その「苦しみ」に「共感」する。か弱く傷つきやすいものに「危害」を与えるものに、激しい怒りを感じる。いまやマスメディアやインターネットが発達し、映像によって「他者の苦しみ」を目の当たりにする。難民支援の寄付をつのるＣＭにかわいそうな子供がよく登場するのは、私たちの「共感」や「惻隠の心」に訴えかけるためである。

「他者の苦しみ」を目の当たりにすれば、ほとんどの人が「感情」を揺り動かされる。だからといって、すべての人が「他者」を救おうとするわけではない。「他者の苦しみ」を自分から遠ざけたり、無理やり「苦しみ」を正当化したり、そもそも認めなかったりする。たとえば、ナチスの強制収容所の近くに住んでいた女性が、ユダヤ人への残虐行為を目の当たりにして、「そのような非人道的な行為はすぐにやめてください。さもなければ、誰も現場を目にすることのない、別の場所でやってください」という抗議の手紙を書いたという（ブルーム『反‐共感論』）。

また、事件や事故の被害者は「お前に責任があった」と責められることがある。これは、世界が公正にできており、「因果応報」や「自己責任」を重視する認知バイアス「公正世界仮説」のひとつである（池谷、前掲書）。このようなバイアスは「他者の苦しみ」を正当化するために用いられる（「あの子の苦しみ」は単なる確率でしかないという「偶然性」を避けるためのバイアスでもある）。

すでに指摘したように、「あいつら」（他集団）よりも「われわれ」（自集団）のメンバーに「共感」を抱きやすく、また対象が「かっこいい」「かわいい」といった魅力的かどうかによっても変わってくるなど、「共感」はさまざまなバイアスの影響を受けやすい。外国人技能実習制度や入国管理施設のひどい実態が近年報じられているが、日本国民の世論の反応が鈍いのは、バイアスの影響だと思われる。

とはいえ、「共感」や「惻隠の心」は大衆の「直観」や「感情」に広く訴えかける。二〇一七年の性差別に抗議する運動「#MeToo」では、ハリウッド俳優をはじめ女性たちが性被害を告白したインタビューが公開され、SNS上では「#MeToo」のハッシュタグを用いて性暴力やハラスメントの体験が共有された。また、二〇二〇年の人種差別に反対する運動「#BlackLivesMatter」では、白人警官に黒人男性の首が押さえつけられた映像が公開された。これらの運動が大きな広がりを見せたのは、多くの人が「他者」の「苦しみ」を目の当たりにして「惻隠の心」が掻き立てられ、差別（危害）への「怒り」を感じたからではないか。

ちなみに「平成」においてリベラルからも支持を受けた天皇明仁は「共感」や「惻隠の心」といった「道徳感情」を掻き立てることに長けていた（拙稿「石牟礼道子と憐れみの天皇制」子午線

vol.6)。

グレタ・トゥーンベリは子供という未来の他者として糾弾した

環境活動家グレタ・トゥーンベリらの気候変動対策を求める運動は「世界が滅びる」という終末論的な恐怖をよく掻き立てる。しかし、少し違う角度から見れば、「共感」に訴えかける運動だといえる。彼女は一五歳のときに気候変動対策を求めて学校ストライキを始めたが、日本で広く知られたのは、二〇一九年に国連サミットに出席するために、温室効果ガスを排出する飛行機を利用せずにヨットで大西洋を横断したときだった。しかし、彼女を「いまだ未熟な「子供」だ」と批判する声が上がり、「運動のアイドルとして担がれただけで、裏で糸を引く「大人」がいるのでは？」とささやかれた。このような非難に対して社会学者の上野千鶴子は「16歳といえば前近代では元服している年齢。判断力のあるりっぱな大人です」（16歳の活動家の〝正論〟への中傷に上野千鶴子が「文句を言うなら国連へ」▼URL）と擁護している。

ただ興味深いのは、グレタ・トゥーンベリが自らを「子供」と位置づけたうえで、大人たちを糾弾している点である。「この先全世代の未来が、あなたの肩にかかっています。子どもである私たちは、いま、あなたがしていることを、未来で帳消しにすることはできないのです」「私たち子どもが教育を受ける機会と子ども時代とを犠牲にしているのは、これまで

▶ https://dot.asahi.com/aera/2019100700072.html?page=1

つくりあげてきた社会のもとで政治的に実現可能なことを考えている、と聞かされるためではありません。〔…〕私たちは、大人の目を覚ますためにやっているのです」（マレーナ＆ベアタ・エルンマン、グレタ＆スヴァンテ・トゥーンベリ『グレタ　たったひとりのストライキ』羽根由訳、海と月社、二〇一九年）。

グレタ・トゥーンベリが「子供」として「大人たちに責任を取れ！」と迫ったことは、気候変動対策において象徴的だった。つまり、気候変動の影響を最も受ける「未来の他者」（の代理）として声を上げたのである。ところで、環境倫理に影響を与えた哲学者ハンス・ヨナスは「コミュニケーションによる契約や同意ではなく、傷つきやすい生命に対する直観的な責任」が重要だと述べている（戸谷洋志『ハンス・ヨナスを読む』堀之内出版、二〇一八年）。大人は「子どもと契約を交わして、これを履行するために責任をも」たないが、「生まれたばかりの子どもを手に抱き、その呼吸に耳を澄ましているとき、この子どもに対して責任」をもつのだという（井戸に落ちそうになった幼児を助けようとする孟子のエピソードが否応なく浮かぶ）。このような「未来の他者」＝子供への「惻隠の心」は、資本主義を無責任に推し進める大人たち（危害）への激しい「怒り」になるのである。

共感はポストヒューマン時代の道徳感情である

リベラルや左派において「共感」や「惻隠の心」といった「道徳感情」が強調される背景には、近代的な「市民」から周縁化された存在への注目がある。近代において自立的で自律的な個人が理想とされた。「契約」や「合意」をおこなう「市民」という前提のうえに、現在の法や政治は成立している。かつて女性や労働者、非白人などは自立的で自律的な個人となる能力を持たないという理由で、「市民」とみなされなかった（いまでもなお不当な地位に貶められている）。しかし、いまだ「市民」として認められない存在がいる。たとえば、子供や動物などである。また、気候変動の影響を受ける「未来の他者」も、グレタ・トゥーンベリが言うように「選挙権がない」のであって、「市民」と同じレベルの契約や合意をおこなう主体とみなされない。かといってむやみに扱うことはできない道徳的な「配慮」や「ケア」の対象とみなされる（稲葉振一郎『宇宙倫理学入門――人工知能はスペース・コロニーの夢を見るか？』ナカニシヤ出版、二〇一六年）。

このような環境倫理やケアの倫理、動物愛護への注目を受けて、近代が理想とした人間像（自律的で自立的な個人）が失われ、現代は新たな人間像の構築が求められる「ポストヒューマン」的な状況である（稲葉、前掲書）。であれば、種を超えて動物にまで向けられる「共感」や「惻隠の心」は「ポストヒューマン」的な状況にぴったりの「道徳感情」だといえよう。

「#MeToo」や「#BlackLivesMatter」も、女性や黒人がいまなお不当な地位に貶められていることへの抗議活動だった。また、気候変動対策や動物愛護といった運動も近代的な「市民」からこぼれ落ちた存在（未来の他者、子供、動物）を対象にしている。「ケアの倫理」も、女性、子供や障害者といったか弱く傷つきやすい存在であることを強調する。リベラリズムは「合意」や「契約」といった「推論システム」を働かせることを重視するが、他者と理性的な討議をおこなう「市民的公共性」が衰退しており、運動を広く組織するためには大衆の「直観」や「感情」に訴えかける必要がある。くわえて「市民」からこぼれ落ちる存在を救おうとすれば、「共感」や「惻隠の心」といった言説になるのは当然である。

しかし、問題は大審問官も「か弱く無力」で「非力」な人々に「幸福」を与えようとしていたことだった（第2章を参照）。「傷つきやすいものへのケア」や「弱者への思いやり」を訴える人びとのなかには、管理監視社会化に脇が甘いどころか、積極的に支持さえする者がいる。ポピュリズムと管理監視社会化は結託している。

Twitterは道徳的な怒りを感染させる

近年、Twitterのハッシュタグ機能を使った「ツイッターデモ」がおこなわれている。ハッシュタグ機能とはフレーズや文章に「#」（ハッシュ記号）をつけることで、検索を可能にする機能である。二〇〇九年からTwitterに実装されたが、デモや集会の際に使用された（日本語に対応したのは二〇一一年）。また、ツイッターデモといったインターネット上の抗議活動にも用いられた。日本では二〇一六年に待機児童問題を指摘したブログ「保育園落ちた、日本死ね」に呼応した「#保育園落ちたの私だ」、二〇二〇年に第二次安倍政権の検察官の定年を延長する法案に反対した「#検察庁法改正案に抗議します」などが知られている。ヒースによれば、一四〇字までの文章しか投稿できないTwitterは「合理的な討議には不都合」であり（ヒース、前掲書）、サンスティーンはハッシュタグ機能が集団分極化の「エンジン」であると指摘する（サンスティーン『#リパブリック』）。

たしかに「道徳感情」を利用するポピュリズムはTwitterととても相性がいい。私たちには他人を模倣する「本能」があるために感情が伝染しやすい。それはインターネット上でも同じである。Facebookの調査によると、ポジティブな投稿を見たユーザーは肯定的な内容の投稿をおこない、ネガティブな投稿を見たユーザーは否定的な投稿をおこなう割合が高かったという。Twitterでもタイムラインが肯定的か否定的かによって、投稿の内容が左右されるようだ。

興味深いのは、なかでもTwitterが「日常生活において最も感情を刺激する行為」であることだ（シャーロット『事実はなぜ人の意見を変えられないのか』）。Twitterは「興奮状態」の指標である「脈拍上昇」「発汗」「瞳孔拡大」を促すことが判明している。ウェブを普通に閲覧するときに比べて、ツイートやリツイートをすると感情の高まりを示す脳活動が七五パーセントも上昇し、タイムラインを読むだけでも六五パーセントほど上昇する。一四〇字というメッセージの短さや、拡散されるスピードや広さが「感情」を刺激するようだ。認知神経学者のターリ・シャーロットは、Twitter は私たちの「直観システム」に直接に働きかける、と述べている。

計算社会科学者の笹原和俊によれば、「怒り」という感情が最も伝染しやすく、SNSで拡散されやすい。中国版の Twitter と言われる微博（ウェイボ）で「喜び」「悲しみ」「怒り」「嫌悪」という四つの感情がどれくらい拡散されるかを調査したところ、「怒り」を表現した投稿が最も拡散された（友人の友人の友人まで拡散された）。ドナルド・トランプ元大統領がTwitter で人々の怒りを煽るツイートを繰り返したが、情報拡散の観点からみれば「理にかなっている」のである（笹原和俊『フェイクニュースを科学する――拡散するデマ、陰謀論、プロパガンダのしくみ』化学同人、二〇一八年）。

また笹原は「道徳的な感情かどうかが情報拡散に影響を与える」と指摘している。すでに述べたように社会心理学者のジョナサン・ハイトによれば、「ケア／危害」「公正／欺瞞」「自由／抑圧」「忠誠／背信」「権威／転覆」「神聖／堕落」という六つの道徳基盤がある（道徳基盤理論)。ハイトらのグループは道徳基盤に関連する単語を収集しているが、そのなかから「安心」「信頼」「暴力」「憎悪」といった「感情」と関連する単語を「道徳感情語」としてピックアップし、Twitterのデータ分析をおこなった。その結果、「銃規制、同性婚、気候変動のどのトピックにおいても、投稿に含まれる道徳感情語が一つ増えるごとにリツイートされる確率が約二〇パーセント増大する」ことが判明したという。そして、「リツイートの拡散が起こるのは同じ政治的イデオロギーの人たちの間ばかりで、異なるイデオロギーをもつ人たちへはほとんど到達しない」のだという。

笹原の研究グループがLGBTに関する日本語ツイートを分析したところ、同様の結果が得られたという。すなわち、「高い道徳的類似性をもつ少数のコミュニティ」が形成され、「道徳」には「われわれ」(内集団)の結束を高め、「あいつら」(外集団)を隔離する役割があった(笹原和俊、杜宝発「ソーシャルメディアにおける道徳的分断：LGBTツイートの事例」二〇一九年)。「道徳的な感情」を掻き立てる情報は、同じ「道徳部族」のなかでしか拡散されないのだ。繰り返すが、「われわれ」という「部族主義」と仲間を助ける「利他行動」はセットなのである。

つまり、数あるソーシャルメディアにおいてとりわけTwitterが私たちの「感情」を掻き立て、「推論システム」ではなく「直観システム」に働きかける。そのなかでも「怒り」の感情が最も拡散されやすい。また、「道徳感情」を煽る投稿は同じ「道徳部族」の内部で拡散されて、「われわれ」の結束を高める役割を果たしている。私たちの「部族主義」を利用し、「道徳感情」を「動員」するポピュリズムにとって、Twitter は最適の「環境」なのである。

ポピュリズムは倫理的糾弾に陥りやすい

さて、ここでポピュリズムの問題点をいくつか指摘しておこう。

ポピュリズムを支持してきた政治学者のエルネスト・ラクラウは「ポピュリズム」が単なる「倫理的糾弾」に陥る危険性を指摘している（エルネスト・ラクラウ『ポピュリズムの理性』澤里岳史・河村一郎訳、明石書店、二〇一八年）。たしかにインターネットでは、差別やハラスメントの告発から、芸能人の不倫や YouTuber とのトラブルにいたるまで、さまざまな「倫理的糾弾」が広がっている。広告収入を得ているニュースサイトはPV数（ユーザーがページを閲覧した回数）を稼ぐために、ニュース記事がSNSで拡散される必要がある。そのために事実を報道することよりも、「フリーライダーへの非難」や「弱者への共感」といった道徳的な「怒り」を煽る記事ばかりが掲載されている。たとえば、SNSでは「ポリティカル・コレクトネス」をめぐって保守派やリベラルといった道徳部族が論争し、「炎上」を繰り返しているが、その対立から最も利益を得ているのは、記事を掲載するウェブメディアなのである。「道徳感情」を利用してお金を設ける仕組みがすでに出来上がっている。

もちろん、「許せない！」という「道徳感情」は政治において大きな力を持つ。しかし、「倫理的糾弾」に終始しては、不正や抑圧をもたらす制度や構造はそのまま放置されてしまう。当然ながら制度や構造を変革するためには長期的な取り組みが必要である。だが、大衆の「直観」や「感情」は熱しやすく冷めやすい。「道徳感情」が向かう矛先は次々と入れ替わるばかりで、同じような「炎上」が繰り返されている。

インターネットにあふれる罵詈雑言や人格攻撃、誹謗中傷は、「われわれ」の「敵」に対する道徳的な怒りから生まれている。同じ考えを持つもの同士が集まり、共通の「敵」に対して「怒り」に囚われれば、生まれ、性別、容姿、年齢といった属性を揶揄する言動も当然生まれてくる。すでに指摘したように、人間には「外集団同質性バイアス」「ステレオタイプ化」など差別につながる「認知バイアス」がある（「はじめに」を参照）。「認知バイアス」が厄介なのは、たとえ反差別の立場を標榜したとしても、無意識のうちに「バカ」げた言動をしてしまう点にある。たとえば二〇二一年に女性は話が長いといった発言をした森喜朗東京オリンピック・パラリンピック組織委員長（当時）には多くの非難が集まった。もちろん彼の発言は女性へのステレオタイプが満ちていて、非難されて当然なのだが、なかには「老害」と罵る言説が見られた。反差別の立場で抗議するならば、「老害」という高齢者へのステレオタイプを表したネットスラングの使用は慎むべきだろう。「敵」をつくり出し「怒り」を掻き立てるポピュリズムはバカげた言動をとってしまうのである（橘玲「森元会長を「老害」と言うことも差別？　われわれはステレオタイプの思考から逃れられない」▼URL）。

また、ポピュリズムはフェイクニュースや陰謀論の温床となる。ほとんどの科学者が気候変動の危険性について指摘している。温室効果ガスの排出がこのまま続けば、さまざまな災害が予測されている。しかし、認知神経科学者のターリ・シャーロットが指摘するように、「数字や統計は真実を明らかにするうえで必要な素晴らしい道具だが、人の信念を変えるには不十分だし、行動を促す力はほぼ皆無」である（シャーロット、前掲書）。運動を広く組織するためには、世界が破滅するという終末論的な「恐怖」や子供＝未来の他者への「共感」を掻き立てる必要がある。しかし、このような「感情」の「動員」は「ポスト・トゥルース」（客観的な事実よりも感情や個人的な信念に訴えるほうが影響力のある状況：オックスフォード辞典）を招くことになる。

「感情」（直観システム）は瞬時に反応できるが、間違いも多い。くわえて、私たちはエビデンスではなく、部族の信念に一致するかどうか、という観点から、情報を判断する（「アイデンティティ保護的認知」）。しかも、陰謀論やフェイクニュースなど極端な言説を唱えたりするほど、「所属する部族への忠誠心」をより効果的に示すことになる。当然、共通の「敵」をつくり

▶https://diamond.jp/articles/-/263656zx

「部族主義」を利用するポピュリズムは世界を裏から支配する黒幕＝敵がいるという陰謀論と相性が良い。

陰謀論はその背景を読み解くべきである

とはいえ、世界を裏から支配する黒幕＝敵がいるという陰謀論は、私たちの人間本性の特徴として「階級」や「所得」の対立をなかなか認識できない認知的「バグ」が引き起こしている可能性がある。自然災害やクーデターの混乱に乗じて、急進的な新自由主義的な改革を進める「災害資本主義」（「惨事便乗型資本主義」）が問題視されている。たとえば、プエルトリコではアメリカから移住した富裕層への税制優遇措置がおこなわれてきたが、二〇一七年のハリケーン災害を機にさらなる新自由主義的な改革が進められている（ナオミ・クライン『楽園をめぐる闘い――災害資本主義者に立ち向かうプエルトリコ』堀之内出版、二〇一九年）。興味深いことに、作家のナオミ・クラインはアメリカから移住した富裕層を「シー・ステッド」計画を進める「自由至上主義者（リバタリアン）」たちの「ゆるい従兄弟のような」存在と呼んでいる。つまり、プエルトリコでは資本主義と民主主義の対立が先鋭化しているわけである。

ところで、巨大地震や台風の大きな被害が出るたびに、アメリカの地震気象兵器「HAARP」による攻撃だという陰謀論がささやかれる。たとえば、二〇一一年の東日本大震災や二〇一六年の熊本地震の際にも「HAARP」による人工地震だという言説が拡散された。もちろん、科学的な根拠は乏しい。しかし、オカルト雑誌『ムー』の創刊に関わった文筆家の武田崇元（すうげん）は、地震気象兵器「HAARP」の陰謀論が広がった背景には、災害の到来後に「「待ってました」とばかりのあまりの手際良さ」で新自由主義的な改革が進められることへの違和感がある、と指摘している（武田崇元『新約　出口王仁三郎の霊界からの警告』学研プラス、二〇一三年）。つまり、私たちの認知のバグによって、災害資本主義という「階級」の問題が、自然災害さえ操るわかりやすい敵＝アメリカという陰謀論にすり替わるわけである。

　さて、保守派のフェイクニュースや陰謀論ばかりが注目されがちだが、リベラルの一部でも陰謀論としかいえない言説が唱えられる。たとえば、第二次安倍政権において疑惑や不祥事が追及されると、政権は国民からの批判をかわすために、北朝鮮のミサイル打ち上げや芸能人の逮捕を指示している、といったものだ。しかし、その背景には大衆の「直観」や「感情」がコントロールされやすいという認識があるのではないか。つまり、ポピュリズムは多くの人の支持を得ようと、「道徳感情」を「動員」しようとする。しかし、管理監視社会化が進む現在において、さまざまなデータを持つグローバル企業や政府当局のほうが「動員」することにかけて断然有利となる。そのことにうすうす気づいているからこそ、荒唐無稽（こうとうむけい）な陰謀論がささやかれるのではないか。この点については次章で詳しく扱おう。

もはや勉強しない亜インテリ

政治ファンは政治的知識を熱心に勉強する

ほとんどの人が政治的無知＝バカであることを指摘してきた。大衆は自らの「生活」にしか興味を持たない。政治に関心がないので、政治的無知＝バカである（合理的無知）。「いや、そんなことはない、私は政治に詳しい」という人もいるだろう。たしかに法哲学者のイリヤ・ソミンは政治的知識の獲得に熱心な人々がいると指摘している。しかし、それは自らが所属する集団や党派（われわれ）を応援し、対立する集団や党派（あいつら）を嘲笑うためだという。つまり、阪神タイガースや浦和レッズを応援するスポーツファンのように、「政治ファン」なのである。自らの「部族主義」を満たすために政治的知識を勉強しているので、当然ながら獲得された知識は偏ったものとなる（合理的非合理性）。

ポピュリズムは「敵と味方を峻別する発想が強い」といわれる。このような「政治ファン」の存在は避けて通れないだろう。いや、むしろ、「政治ファン」が増えたほうが、影響力を高めることになる。彼らはフェイクニュースや陰謀論といった「勉強」の成果を披露し、Twitter や Facebook で拡散してくれるからである。ここからは「政治ファン」を「亜インテリ」と呼んで考察していく。

亜インテリは受け売りの知識をひけらかす

久しぶりに実家に帰省したら、父親がネトウヨになっていた。インターネットでよく見るエピソードのひとつである。動画やブログをたまたま目にして、ネット右翼言説に感化されてしまう。なぜこんなことが起きるか。

真鍋昌平の漫画『闇金ウシジマくん』（小学館）にこんな場面がある（「第36話 ギャル汚くん8」）。元暴走族の男が家出少女を利用して美人局（つつもたせ）をしている。未成年との援助交際という弱みにつけ込んで、サラリーマンから金を奪おうとしている。すると、ラブホテルのテレビから中国政府が靖国神社の参拝に抗議したというニュースが流れ、元暴走族の男が怒りはじめる。

「クソッ！　オレ達の国は中国と韓国に舐められている。マジ気分悪ィ!!　武力がなければ言いたいことも言えねェンだ!!　交渉の最終手段は戦争だ！　今すぐ軍隊を作るべきだ！」

八王子の暴走族を抜けて、渋谷で美人局をして生計を立てる彼の生活から、「これからの時代、愛国心と思いやりの気持ちが大事じゃねェ？」という言葉がなぜ出てくるのかわからない。彼の仲間が内心思うように、「テレビで言ってたセリフ」を「まるで自分（テメエ）が一から考え抜いた言葉」のように話しているだけだろう。まさしく「バカのひとつ覚(おぼ)え」である。

とはいえ、どこかで遭遇したような光景である。家族、親戚や友人がたわいもない会話をしていたはずなのに、韓国や中国のニュースがテレビから流れた瞬間、憎悪に満ちた言葉が口から飛び出す。その口ぶりが「ネット右翼」そっくりで、そのことにまた驚いてしまう。なかには、理路整然と韓国や中国を非難するものもいる。しかし、よくよく聞いてみると「自分(テメエ)が一から考え抜いた言葉」とはとうてい思えない。どこかから聞きかじった「受け売り」の言葉である。

『闇金ウシジマくん』は「感情」的に反応し、「生活」からかけ離れた「受け売り」の言葉を話す、という「大衆」の特徴をよく描いている。かつて政治学者の丸山真男は彼らのような存在を「亜インテリ」とよんだ。

丸山真男によれば、ファシズムはプチブルジョワ階級＝中間層に支持されてきたが、日本において中間層は二つのタイプに区別できる（丸山真男「日本ファシズムの思想と運動」『現代政治の思想と行動』未来社、一九六四年）。サラリーマン、ジャーナリスト、大学教授や弁護士といった「インテリ」と、町工場の親方、商店主、小地主、学校の教員、村役場の職員といった「亜インテリ」である（学生は「インテリ」と「亜インテリ」の両方にまたがる）。丸山によれば、「インテリ」はファシズムを嫌悪し、「消極的抵抗」さえしていたが、「亜インテリ」はファシズムの積極的な担い手になったとされる。

「亜インテリ」は「いっぱしインテリのつもり」だが、「耳学問」なのであやふやな知識しか持たない。政治や経済に「オピニオン」を持つが、知識や生活レベルは「大衆」とあまり変わらない。むしろ、「大衆」とさほど変わらないからこそ、「心理的にヨリよく大衆をキャッチ出来る」。町内会や青年団といった「中間団体」に積極的に参加し、地方の顔役や名士として「世論」をつくり出す人々である。

本当にインテリはファシズムを積極的に肯定しなかったのか。丸山の区別に疑問がないわけではない。とはいえ、ここで注目したいのは、インテリ気取りで「受け売り」の知識をひけらかし、それゆえに「大衆」に強い影響力を持つ「大衆」＝「亜インテリ」である。

ネット右翼は最も量産された亜インテリ

インテリ気取りの大衆＝亜インテリはなぜ生まれるのか。過去十数年で最も量産された「亜インテリ」というべき「ネット右翼」を例にとって見ていこう。

たとえば、「ビジネス保守」と呼ばれるタイプのネット右翼は、自営業者や経営者として地域の活動に参加するなかで感化されていく。「日本青年会議所」が代表的な組織として知られている（伊藤昌亮『ネット右派の歴史社会学――アンダーグラウンド平成史１９９０－２０００年代』青弓社、二〇一九年)。日本青年会議所は各地の青年会議所を統合する機関であり、その多くが建築業や製造業など中小企業の二代目、三代目経営者だ(会員は四〇歳以下)。二〇〇〇年代半ばから「右旋回」したと言われ、二〇一八年には「宇予くん」というキャラクターをつくり、Twitterで中国や韓国への誹謗中傷を投稿し、大きな非難を浴びた。「亜インテリ」は青年団や町内会に参加することで影響力を持った、という丸山真男の図式に「ビジネス保守」はぴったりと当てはまる。

しかし、「ネット右翼」のほとんどはインターネットでブログや動画を目にして感化されるという(樋口直人「ネット右翼の生活世界」樋口直人ほか『ネット右翼とは何か』青弓社、二〇一九年)。「ビジネス保守」のように地域のコミュニティではなく、ネット上のコミュニティによって生み出された「亜インテリ」である。「久しぶりに実家に帰省したら、父親がネトウヨになっていた」といったエピソードはこの典型だろう。

TwitterやFacebookといったSNSはマイノリティや社会的な弱者を結びつける機能がある。孤立した集団で同じ考えを持つ者が話し合うと、その考えは極端な方向へ先鋭化する。しかし、このような「集団分極化」は「#MeToo」や「#BlackLivesMatter」といった運動を勢いづけてきた。サンスティーンはマイノリティによる集団分極化=部族主義の活用を支持している。

だが、問題はネット右翼についても同じことが言えることだった。ネット右翼的な言動をおこなうユーザーはインターネット全体の利用者の一パーセントにも満たない、と推測されている（辻大介「計量調査から見る「ネット右翼」のプロファイル」）。数としてはごく少数であっても、インターネットでつながり、コミュニティを形成し、そして極端な方向へと先鋭化してきた。そして、その言説は広く拡散され、大きな影響を与えてきた。

ディベートは敵を論破し、論点はマニュアル化されている

ネット右翼の言説には「亜インテリ」を量産しやすい特徴がある。ネット右翼が誕生した背景には一九九〇年代のディベートブームがある（倉橋耕平『歴史修正主義とサブカルチャー——90年代保守言説のメディア文化』青弓社、二〇一八年）。ディベートは賛成・反対の立場に分かれて討論し、観客への「説得力」を競い合う。教育学者の藤岡信勝は従来の歴史教育を「自虐史観」と批判し「自由主義史観」を唱えたが、歴史教育にディベートを導入することを提案していた。小林よしのりの漫画『ゴーマニズム宣言』シリーズでは、読者を観客に見立てて論客たちが歴史問題について議論する、という構成が取られた。ディベートはインターネットにも受け継がれ、日韓のネットユーザーの交流サイト「enjoy Korea（エンジョイコリア）」は二〇〇二年の日韓ワールドカップを機に開設されたが、日本と韓国のネットユーザーが歴史問題に

ついて論争する「戦場」になったという（伊藤『ネット右派の歴史社会学』）。

ディベートという議論のスタイルは部族主義と相性が良い。ディベートは理性的な討論を通じて妥当な結論に行き着くことを目的にしていない。相手を打ち負かすべき「敵」とみなして論破する。しかも、論破すべき「敵」は、「反日」や「サヨク」といった彼らの「ナショナリズム」にとっての「敵」なのである。それゆえ「部族主義」を満たすために政治的知識を獲得する「亜インテリ」を生み出しやすい。

「亜インテリ」を量産しやすいもうひとつの特徴が、言説の「マニュアル化」＝「テンプレ化」である。「従軍慰安婦」や「南京大虐殺」といった歴史問題がよく話題になるが、ネット右翼はあまり歴史に興味がない。むしろ「敵への憎悪がまず存在し、バッシングを正当化する材料として歴史があとから利用された」という（樋口直人「ネット右翼の生活世界」『ネット右翼とは何か』）。歴史は「反日」や「サヨク」といった「敵」を論破するための「ツール」でしかない。そのため「こうきたらこう返す」という「論破のマニュアル化」がなされたという（倉橋『歴史修正主義とサブカルチャー』）。

インターネット上には従軍慰安婦問題の「論点のテンプレ」がまとめられ、ネット右翼は「論点のテンプレ」を「勉強」し、デモやネット上で「披露」する（山口智美「ネット右翼とフェミニズム」『ネット右翼とは何か』）。「こうきたらこう返す」と素早く反応できるように、「論破のマニュアル」を「直観システム」のレベルにまで叩き込むわけだ。

たとえば、「在日特権を許さない市民の会」を主催した桜井誠の『嫌韓流　反日妄言撃退マニュアル』（晋遊舎、二〇〇六年）を見てみよう（桜井はそもそもDoronpaというネット論客だった）。「韓国を侵略して植民地にした」「朝鮮人を日本本土へ強制連行した」「在日に参政権を与えないのは差別」「日本は植民地にした」といった日本の植民地支配への批判が「反日妄言」としてまとめられる。「韓国を侵略して植民地にした」というトピックでは「日帝は独立国家韓国から主権を奪った！」「大韓帝国を武力侵略して植民地にした！」といった「論点」が挙げられ、「日清戦争以前は朝鮮半島に主権などなかった」「多くの朝鮮人が日本との合邦を主張した」といった「反論」がコンパクトに紹介される（その反論は正しいのかという問題はここではおく）。［図15］

定型化＝ワンパターン化した言説は「紋切り型」や「クリシェ」と批判される。しかし、ネット右翼の言説は「定型化」＝「ワンパターン化」することで「耳学問」の「亜インテリ」を量産することに成功した。当たり前だが、歴史を研究するよりも、「論破のマニュアル」を勉強するほうが簡単である。「論点のテンプレ」を身につけた「亜インテリ」たちが勉強の成果を披露すれば、ネット右翼的な言説は拡散され、また新しい「亜インテリ」が生み出される……。「定型化」＝「ワンパターン化」した言説を、「バカのひとつ覚え」のように繰

図15　論破のマニュアル化の一例
出典：桜井誠『嫌韓流 反日妄言撃退マニュアル』

り返すのである。

戦後民主主義というワンパターン化した言説

ネット右翼的な言説がどこか「自分(テメエ)が一から考え抜いた言葉」に思えないのは、「論点のテンプレ」であり「マニュアル化」された言葉だったからである。だが、興味深いのは「ネット右翼」が生まれた背景には定型化＝ワンパターン化した言説への批判があったことだ。小林よしのりの漫画『ゴーマニズム宣言』はネット右翼の言説に大きな影響を与えたことが知られている。『ゴーマニズム宣言』にもよく登場し、小林のブレーンであった思想家の浅羽通明や民俗学者の大月隆寛の仕事は、「戦後民主主義」を支持する言説が定型化＝ワンパターン化したことを批判するものだった。

一九九〇年のイラクのクウェート侵攻をきっかけに、アメリカを中心とする多国籍軍がイラクを空爆し、湾岸戦争が起こった。浅羽通明によれば、主婦、老人、学生から次のような新聞投書があったという（浅羽通明「新聞投書に見る『発言したい欲望』」『天使の王国――平成の精神史的起源』幻冬舎文庫、一九九七年）。

――「テレビを見ているだけでは戦争は終わらない。反戦ポスターを張って、意思表示をしようじゃありませんか。今さらなんて言わないで、〝NO〟と言える日本人になりましょう」

「今からでも私たち市民一人ひとりができることは、世界中の人が手を結んで、あらゆる手段（手紙、電話、電報、無線、ファックスなど）で、イラクの独裁者、また国民に抗議の声を届けることではないだろうか。どんな頑迷な者でも、世界中の非難をあびながら動揺しない人物はいないだろう」

「こんなデモなんかしたって、なんになるんや」と、心ではしらけた思いでデモや、抗議集会を続けて一カ月たちました。しかしいま、〔…〕連日何百万人の反戦デモが繰り広げられ、愛知県小牧基地で若いOL、女学生たちがずぶぬれになった髪から雨水をしたたらせながら、「自衛隊員のいのちを守ろう。戦争反対」と叫ぶ衝撃的な光景に、私は、世界中の人々と手を握って、戦争勢力と闘っている私自身の姿を確認することができました」

これらの投書を浅羽は痛烈に批判している。「恫喝とか脅迫という表現を用いたくなるほどに、深刻ぶった押しつけがましい、無私で高邁な正義感に満ちた言葉が、あたりまえの主婦や老人や学生のそうした日常的な懸念と地続きなところで表出されたとは私にはとても思えない」。「かつて感想文や小論文を先生に提出して誉められクラスで読み上げられた栄光の過去をもつ元優等生たち」の「模範解答」のようであり、その「模範解答」は「社説や論説コラムや総合誌で読める文化人の言説」をなぞったものにすぎない。しかも、これら文化人の言説もまた「現況のデータから帰納した具体的提言」ではなく、「アイデンティティ確認」のための「信仰告白」でしかない、と。

つまり、新聞投書が「定型化」=「ワンパターン化」した言説であり、しかもそれは新聞や雑誌の「受け売り」である。新聞や雑誌に掲載される「インテリ」の言説も「定型化」=「ワンパターン化」し、部族の信念(アイデンティティ)を確認するためのものでしかない、と浅羽は批判しているわけだ。

浅羽はこれらの新聞投書を「インテリ気取りたちの愚論」と呼んでいる。つまり、「戦後民主主義」を信奉する「亜インテリ」への批判なのである。

民俗学者の大月隆寛も戦後民主主義的な言説の定型化=ワンパターン化にいらだっている。大月が勤務していた東京外国語大学で開催された「天皇制を考えるシンポジウム」を次のように批判している。

天皇制のことや、自衛隊のことや、それにまつわる憲法のことや、さまざまな差別のことや、なんでもいいですがそのようなこれまでの過程でことばとしてはひからびた定番となってしまった問題を、これまたこれまで作られてきたひからびた約束ごとのことばの辞書に従って漠然としゃべり、垂れ流していさえすればとりあえずリベラルなツラができる、何か考えているようなフリができる、という状況があるにも拘わらず、その状況を自らの足もとのことばでとらえかえし、乗り越える志も構えも持てない、持とうともしないというその横着きわまりない態度が不愉快なのです。

（大月隆寛「僕がチャウシェスクになった日」『あたしの民主主義』毎日新聞社、二〇〇〇年）

浅羽と大月は紋切り型＝クリシェと化した「戦後民主主義」を批判する。たしかに、当時はソ連崩壊によって冷戦が終わり、湾岸戦争では自衛隊の派遣が求められるなど「戦後民主主義」が問い直された時期であった。そして、浅羽や大月が指摘するように、戦後民主主義的な言説は定型化＝ワンパターン化している。引用された新聞投書に「#ハッシュタグ」をつければ、

「テレビを見ているだけでは戦争は終わらない。反戦ポスターを張って、意思表示をしようじゃありませんか。今さらなんて言わないで、NOと言える日本人になりましょう　#アベ政治を許さない　#九条守れ　#戦争反対」

というように、二〇一六年の安保法制反対運動や二〇二〇年の検察庁法改正案のツイッターデモで、目にしたようなフレーズとなる。

大衆のリアルな生活から戦後民主主義を批判する

浅羽や大月は定型化＝ワンパターン化した言説を振り回す「インテリ」や「亜インテリ」を批判する。たいして彼らが向かったのが「大衆」である。浅羽や大月の文章には「日常」、「地続き」や「足もと」といった言葉が頻出(ひんしゅつ)するが、それらは「大衆」のリアルな「生活」を追い求めたものだ。そして、見出されたのが『ゴーマニズム宣言』を連載していた漫画家の小林よしのりである。

たとえば、一九九二年の国連平和維持活動（ＰＫＯ）の自衛隊カンボジア派遣について、小林よしのりは「わしは愚民である」として「カンボジアに自衛隊が行ったら何か得があるんだろうな⁉」と言い、「国際貢献」には「国益」が必要である、と述べている（「第12章　愚民の逆襲」「第54章 父権・貢献・ボランティア」『ゴーマニズム宣言』）。また『新ゴーマニズム宣言スペシャル　脱正義論』（幻冬舎、一九九六年）において小林は自身がコミットしてきた薬害エイズ運動を痛烈に批判しているが、その「あとがき」で「日本では本来、どこまでいっても生活に追われる庶民のはずが「政治のことを考え始めた」だけでニセの市民と化して、しょせん薄っぺらい政治的発言をし始めるのだ」と記している。小林も「大衆」の立場から戦後民主主義を信奉する「市民」を「亜インテリ」として批判したわけだ。

社会学者の伊藤昌亮が指摘するように、浅羽通明、大月隆寛、小林よしのりらにおいて重要だったのは、「庶民的・常民的な生のリアリティという観点」から「市民という概念そのものに疑義を突き付けていく」ことだった（伊藤『ネット右派の歴史社会学』）。当時、吉本隆明はオウム真理教の麻原彰晃を支持するなどして大きな非難を浴びていたために、小林や浅羽らが肯定的に言及することはほぼなかった。しかし、「吉本隆明が市民主義的なことは嫌いだということもわかるところがあるんよ。〔…〕わしは本当は「市民」ということすら嫌いなんだ」という小林の発言が示すように、彼らの路線は吉本隆明の「大衆の原像」を引き継ぐものとみなせる（小林『新ゴーマニズム宣言スペシャル　脱正義論』）。

しかし、このような「大衆」の視点からの戦後民主主義批判は「リベラル市民主義そのものの、さらに戦後民主主義そのものの全否定」と展開していく（伊藤、前掲書）。『新ゴーマニズム宣言』で「従軍慰安婦問題」や「歴史修正主義」というトピックが浮上し、九六年には「新しい歴史教科書をつくる会」に参加、九八年に刊行された『新ゴーマニズム宣言スペシャル　戦争論』（幻冬舎）はベストセラーになり、小林よしのりは「右旋回」していく。『戦争論』の刊行後「ネット右翼」化していく読者の存在に、大月隆寛は気づいている。

> 特に、『戦争論』の読者数十万人のうち、二十代以下の若い世代は八〇年代のポストモダンの価値相対主義の嵐が吹き荒れた時期を経験していない。それ以前、言葉と思想、そして主体とが良くも悪くも密接にからまざるを得なかった状況を知らないまま、全てが等価で確かなよりどころのないまま、いきなり小林の明晰で等身大の装いを持ったものの言いに心奪われ、地に足つかない「朝日」批判、「サヨク」叩きに熱狂し、まるでゲームのようなノリで知ったかぶりの歴史観論争に没頭する醜態もそこここで見られ始めている
>
> （大月隆寛「『戦争論』の読み方」『あたしの民主主義』）

小林よしのりがかつて薬害エイズ運動に参加した学生に「渾身の冷水を浴びせかけて日常に戻そうとした」ように、『戦争論』の若い読者に「責任あるカウンターパンチを食らわせる」

ことを大月は求めている。しかし、その後、ネット右翼という「インテリ気取り」＝「亜インテリ」の「愚論」が量産されていくのは、すでに説明した通りだ。戦後民主主義的な言説が「定型化」＝「ワンパターン化」したように、戦後民主主義への批判も「定型化」＝「ワンパターン化」し始める。「亜インテリ」への批判は別の「亜インテリ」の量産に行きついたわけである。

戦後民主主義をシニカルに批判する封建主義者

彼らの「戦後民主主義」や「亜インテリ」に対する批判は、評論家の呉智英にも共通している。呉智英は「封建主義」を掲げて「人権思想・民主主義」をシニカルに批判する『封建主義、その論理と情熱――さらば、さらば民主主義よ！』(情報センター出版局、一九八一年。その後『封建主義者かく語りき』双葉文庫、一九九六年に改題)でデビューした。もともとは全共闘運動の活動家であり、その「戦後民主主義批判」を受け継いでいる(早大闘争の頃の呉については宮崎学『突破者』に記述がある)。小林よしのりの『ゴーマニズム宣言』にも浅羽や大月とともに登場するなどブレーンの一人としてみなされた。たとえば、呉智英の封建主義はリベラリズムの欺瞞を突くものだった。

封建主義においては、徳と政治が分離化していなかった。だから、封建主義下の法律には、徳に関連したものが多い。一方、民主主義では、徳は個人の思想であり、個人の思想は自由なのである、という理由で、徳と政治を分離した、というより、そのつもりになった。そこで、法律の中のどこを見ても、徳に関連したものはなくなった、というより、そのつもりになった。
ところが、実際は、きわめて曖昧なかたちで徳がしのび込んでいたり、別の言葉で代用されていたりしている。

（呉智英『封建主義者かく語りき』双葉文庫、一九九六年）

徳とはよき生を実現するための生まれついての能力や、学習や訓練で獲得された性質である。社会学者の稲葉振一郎によれば、個人の生き方や目指すべき人間像を自己決定に任せることを原則にした「リベラリズム」の欺瞞を突くものとして徳倫理学が流行した。マッキンタイアやサンデルをはじめとした「コミュニタリアン」だけではなく、リベラリズムにおいても「規律－訓練」という「徳の陶治（とうや）」があることを指摘したミシェル・フーコーの権力批判もまた、その潮流に含まれる。

呉智英のデビュー作である『封建主義、その論理と情熱』は奇（く）しくもマッキンタイア『美徳なき時代』と同年の一九八一年に出版されている。呉智英はアメリカの政治哲学者のマイケル・サンデル『これからの「正義」の話をしよう』が話題となったときには、コミュニタリアンの思想を評価していたり（呉智英『つぎはぎ仏教入門』ちくま文庫、二〇一六年）、「徳による階級制」を敷く「共和主義」を理想としていたりする（呉智英×適菜収『愚民文明の暴走』講談社、二〇一四年）。呉智英も「徳倫理学の流行」に加えてもよいかもしれない。

さて、稲葉振一郎は、徳倫理学の流行が能力の低いものへの差別や蔑視を生む危険性について指摘していた。「徳による階級制」を敷く「封建主義」や「共和主義」を理想とする呉智英もまた、差別問題が大きな話題となった一九九〇年代に「差別もある明るい社会」というスローガンを打ち出している（呉智英『危険な思想家』双葉文庫、二〇〇〇年）。

すべからくの誤用をすべからく批判する

ところで、呉智英が得意とした論法に、誤用の指摘がある。たとえば「すべからく」が最も知られている。「すべからく」は「すべて」の意味でしばしば誤用される。漢字で書けば「須く」であり、漢文で「須」は「すべからく……べし」と訓読されるように、「当然」「是非とも」という意味が正しい。

呉によれば、「すべからく」の誤用は「民主主義的人間主体の醜悪さ」と「民主主義的社会条件」に由来する（呉智英『封建主義者かく語りき』）。みんなにわかりやすいように漢字の使用を制限したために、「すべからく」とひらがなで表記されるようになった（民主主義的社会条件）。その結果、「すべて」の高級な表現と勘違いされ、「叡智の道を歩むことなく、そのくせ裏口からでも叡智の王国へ入りたいという姑息な欲望や上昇志向だけは人一倍強い」人間たちが誤って用いるようになった（民主主義的人間主体の醜悪さ）。呉智英は「すべからく」を誤用する者たちの「さもしい、いやしい、汚れた、くさい、民主心」を指摘する。つまり、民主主義には「徳」がないと批判しているわけである。

しかも「すべからく」の「誤用」は、川本三郎、上野昂志、唐十郎、鈴木志郎康といった「反権威」「反秩序」を掲げる人びとに多い。「権威主義的な雅語・文語を批判しているつもりのその心の底では、自分が雅語・文語をつかいこなせない妬みがとぐろを巻いている」のであり、彼らが「権威批判をするのは、自分が権威から疎外されているからにすぎない」。「単純な無知無学よりねじれている分だけ卑し」く、「反権威を大義名分にする権威亡者の跳梁」を許すのが、民主主義なのである、と（呉智英『バカにつける薬』）。

このように呉智英は「インテリ」と思われる新聞記者や知識人の「誤用」を指摘することで、さもしい「民主心」を持つ「亜インテリ」に過ぎないと暴露した。そして、「亜インテリ」は知的権威にねじれた憧れを持っているだけに無知無学な「大衆」よりも「卑しい」と批判したわけである（浅羽通明も『澁澤龍彦の時代』で「すべからく」の誤用について呉智英を援用して同様の主張をしている）。

普通の人のためのナショナリズム

大月隆寛や小林よしのりにも共通しているのが、「戦後民主主義」へのシニカルな批判は浅羽通明、大月隆寛や小林よしのりにも共通している。しかし、両者の間には大きな違いがあった。ざっくりいうと、呉智英は「大衆」を信じていないが、小林よしのり、浅羽通明、大月隆寛は「大衆」を信じていた。たとえば、小林よしのりは「［呉智英のように］わしは衆愚とまでは絶対に言わない。わしは大衆と契約して描いているような部分があるから、やっぱり大衆は大切なんだ。愚かだとは思わない」と批判している（小林よしのり、浅羽通明『知のハルマゲドン』徳間書店、一九九五年）むしろ、能力の問題からリベラリズムの欺瞞を暴露する姿勢は、元宝島社の編集者で著述家の橘玲に受け継がれていると思われる（橘玲『もっと言ってはいけない』新潮新書、二〇一九年など）。

とはいえ、浅羽や大月と小林よしのりの思想が一致していたわけではない。ここでは小林よしのりと浅羽通明を比較して見てみよう。簡単にいうと、小林よしのりはエリート主義的で、浅羽通明のほうがより大衆的だった。

小林よしのりが『戦争論』を書くきっかけは、「小林さんはつくづく普通の人の気持ちがわからないんだな」という浅羽からの批判だった。薬害エイズ運動を批判した際、集団や組織への論理に流されない「自立した個」であるべきだと小林は主張した（小林『脱正義論』）。そうした「自立した個」となるために「プロフェッショナルとしての職能への誇り」を強調していた（浅羽通明『ナショナリズム――名著でたどる日本思想入門』ちくま新書、二〇〇四年）。たとえば、小林が薬害エイズ運動にコミットしたのは、裁判を傍聴した際に支援弁護士たちのプロフェッショナリズムに心を動かされたからであった。

しかし、実際には薬害エイズ運動に参加した学生たちには「職能をはじめとする確固とした「個」がない人」が多く、「仕事や家庭で日常を送っている自分に自信というかプライドを見いだせない人は少なくない」（浅羽通明「脱正義論【入門篇】裏切られた平成の正義」『新ゴーマニズム宣言スペシャル　脱正義論』）。小林のような人気漫画家であれば、「プロフェッショナルとしての職能への誇り」を訴えることは可能かもしれない。しかし「普通の人」は集団や組織のなかでしか生きられない。このような浅羽の批判に対して「普通の人」が「自立した個」となるために構想したのが、『戦争論』で描いた「ナショナリズム」だった。

小林は『戦争論』の執筆後にやや立場を変えて、対米従属の打破を訴えて憲法九条の改正を唱えるようになる（ネット右翼は中国や韓国に比べてアメリカにはあまり敵意を向けない）。たいして浅羽通明は二〇〇四年に『ナショナリズム』を執筆し、小林よしのりを批判している。多くの日本人はイチローや中田英寿といったスポーツ選手の活躍や、ジブリアニメの国際的評価を誇りに思っている。大衆の「ナショナリズム」はその程度で満足するのであり、米軍基地の廃止や憲法九条の改正に向かうことはない。「独立、気高さ、道徳を求めて危険を招くよりも、生存と安全を選ぶ。大衆はその限りで現在の日本を強く肯定しているようだ」（浅羽『ナショナリズム』）と。つまり、小林よしのりの「ナショナリズム」はエリート主義的で、「普通の人」に即していない、という批判が再び繰り返されている。

浅羽通明は人気教授の講義情報を収集した『ニセ学生マニュアル』（徳間書店、一九八八年）でデビューした。当初人気教授の授業にモグる（正規の学生ではないが受講する）「学生」や「オタク」に肯定的だったが、のちに「亜インテリ」として批判したという経緯がある（『ニセ学生マニュアル死闘編』徳間書店、一九九一年）。小林よしのりを批判した『ナショナリズム』もまた、大学に独占される学問を「大衆」＝「生活者」の求めに応じて紹介する「『道具としての思想』のカタログ」を目指して執筆されている。

とはいえ、ネット右翼的な言説は日本人の「生存と安全」を脅かす「敵」として中国や韓国を名指しする言説ではなかったか。そして、「大衆」は思想を道具として扱うことができず、思想の道具（亜インテリ）となってしまうのではないか。そのためなんら接点のない「生活」を送る父が突然ネトウヨ化するという現象が起きるのではないか。「亜インテリ」への浅羽の批判には共感するが、発想の転換が必要だと思う。人間本性から考えれば、私たちはみんな「亜インテリ」なのだ、と。

ネット右翼は大衆を心理的にキャッチしやすい

たしかに「亜インテリ」の新聞投書やツイートは「自分（テメエ）が一から考え抜いた言葉」とは思えない。「受け売り」の言葉でしかないのは明らかである。しかし、その一方で、「大衆」のリアルな「生活」を表した「等身大」や「地続き」の言葉は本当にあるのだろうか。むしろ、大衆のリアルな生活を追い求めた結果、大衆の「本能的・感覚的思考」＝「直観システム」になじみやすい言説を産んだのではないか。

「反日」や「サヨク」という敵を論破するディベートが部族主義と相性が良いことはすでに説明した。くわえて彼らは在日外国人が不当な特権を得ていると主張し、生活保護の受給者に対してバッシングをおこなう。これらの言説は、共同体の利益にただ乗りする「フリーライダー」への非難の典型である。つまり、ネット右翼の言説は「道徳感情」を掻き立てる。しかも、SNSでは「喜び」や「悲しみ」に比べて「怒り」を表現した投稿が広まりやすい。「道徳観に結びついた感情」は道徳部族の内部で高い拡散力を持つ（笹原和俊『フェイクニュースを科学する』）。

文化人類学者の木村忠正は、Yahoo!ニュースへのコメントを分析するなかで「ネット右翼」的な言説を「非マイノリティポリティクス」と捉えている。「非マイノリティ」とは、実際は「マジョリティ」なのだが、マジョリティとして十分な利益を受けていないと感じ、生活保護受給者、障害者、LGBTといった「マイノリティ」に嘲笑(ちょうしょう)やいらだちを向ける人びとである(木村忠正『ハイブリッド・エスノグラフィー――NC研究の質的方法と実践』新曜社、二〇一八年)。

木村によれば、ネット右翼的な言説は「強い感情」に結びついており、「理性よりもむしろ直感的情動」に突き動かされている。ジョナサン・ハイトの道徳基盤理論から分析すると、ネット右翼的な言説は保守派と同じく「ケア/危害」「公正/欺瞞」「自由/抑圧」「忠誠/背信」「権威/転覆」「神聖/堕落」という六つの道徳基盤に依拠する。つまり、ネット右翼の言説は「心理的にヨリよく大衆をキャッチ出来る」。それゆえに「普通の人」が突如としてネット右翼的な言説に感化されるのである。

ちなみにハラスメントや歴史問題について、リベラルとネット右翼(保守派)の「討議」が成立しにくいのは、このためである。リベラルはネット右翼の言説が実証性のないフェイクであること、整合性に欠けることを、エビデンスやロジックで示そうとする。それは言語的・意識的な「推論システム」を働かせることだ。しかし、ネット右翼の言説は私たちの「部族主義」を掻き立て、「道徳感情」を呼び起こす特徴を持つ。それは非言語的・自動的・無意識的な「直観システム」を刺激することを目指しており、両者の間で議論が成り立たないのは当然である。

私たちは生まれながらの亜インテリである

認知科学者スティーブン・スローマンとフィリップ・ファーンバックによれば、人びとは「自分がものを知っている」としばしば錯覚する（『知ってるつもり――無知の科学』土方奈美訳、早川書房、二〇一八年）。ほとんどの人は「水洗トイレ」を知っているが、どのような仕組みで水が流れるかは説明できない（「説明深度の錯覚」）。私たちは「知ってるつもり」になりがちであり、自分が思う以上に無知なのである。その理由は私たちの思考が「脳・身体・環境の相互作用」によって生まれるからだ。

人間は認知能力や記憶力に限界がある。そのため身体、他者、技術といった「外部環境」を「記憶装置」や「情報処理装置」として利用し、脳内の情報と外部環境の情報をシームレスに扱うようになっている。これは、狩猟採集時代に人類が小さな群れのなかで、罠を仕掛けたり、肉を捌いたり、火を起こしたり、それぞれの知識や能力を活かした分業体制を発達させたためだと考えられている。このような「認知的分業」をおこない、コミュニティ全体で知を共有し、人類は集団としての能力を飛躍的に向上させてきた。

私たちは知も「他者」や「環境」に依存している。しかし、「直観システムが、自らの熟慮能力（＝推論システム）を過大評価しているため」に、「知ってるつもり」という錯覚を引き起こす。つまり、私たちは生まれながらの「亜インテリ」なのである。問題なのは、「環境」によって私たちが「知ってるつもり」という「錯覚」が増長され、あたかも自分のことを「専門家」や「インテリ」だと思い込むことなのだ。スローマンとファーンバックは「亜インテリ」が生まれる過程を次のように記している。少し長いが引用しよう。

一般的に私たちは、自分がどれほどモノを知らないかをわかっていない。ほんのちっぽけな知識のかけらを持っているだけで、専門家のような気になっている。専門家のような気になると、専門家のような口をきく。しかも話す相手も、あまり知識がない。このため相手と比べれば、私たちのほうが専門家ということになり、ますます自らの専門知識への自信を深める。〔…〕これが知識のコミュニティの危険性だ。あなたが話す相手はあなたに影響され、そして実はあなたも相手から影響を受ける。コミュニティのメンバーはそれぞれあまり知識はないのに特定の立場をとり、互いにわかっているという感覚を助長する。その結果、実際には強固な支持を表明するような専門知識がないにもかかわらず、誰もが自分の立場は正当で、進むべき道は明確だと考える。誰もが他のみんなも自分の意見が正しいことを証明していると考える。こうして蜃気楼のような意見ができあがる。コミュニティのメンバーは互いに心理的に支え合うが、コミュニティ自体を支えるものは何もない。

（フィリップ・ファーンバック『知ってるつもり』）

私たちには「自分に代わって所属集団にモノを考えてもらおうとする」傾向がある（アイデンティティ保護的認知）。部族で共有された信念をそのまま信じる傾向がある。「地球温暖化はフェイクニュースだ」といった部族の信念に「エビデンス」を示しても、あまり効果が見込めない。部族の信念を捨てることは「コミュニティと決別すること」や「自らのアイデンティティを揺るがすことに等しい」からである。そして、同じ考えを持つメンバーが話し合えば話し合うほど、その考えは極端な方向に先鋭化していくわけである（集団分極化）。

私ではなくコミュニティが考える

大衆は生活にしか興味がない。政治を学ぶ意欲を持てないために、政治的な無知＝バカとなってしまう。「いや、そんなことはない、私は政治に詳しい」という人もいるだろう。しかし、政治的無知＝バカであるのにもかかわらず、「知ってるつもり」という錯覚に陥っているだけかもしれない。「錯覚」は「直観システム」が「推論システム」を過大評価するバイアスであるために、なかなか避けることができない。そして、コミュニティに同じような考えを持つメンバーが集まると、「知ってるつもり」という錯覚はさらに増長され、「耳学問」の「亜インテリ」が生み出される。

丸山真男によれば、「亜インテリ」は町内会や青年団といった「中間団体」に参加することで大きな影響力を持った。確かに知はコミュニティで共有されるため、コミュニティは人々の考え方に大きな影響を与える。丸山の図式に修正を加えるとしたら、コミュニティこそが「耳学問」の「亜インテリ」を生み出すという点である。コミュニティの影響の大きさは経験的に知られてきたといえる。政党が地域社会、労働組合、宗教団体の支持を取り付けてきたのは、「自分に代わって所属集団にモノを考えてもらおうとする」傾向があることを掴んでいたからだろう。

しかし、逆にいうと、政治的に無知な「大衆」に代わって、政党やコミュニティが政治的な判断を代行してきた、ということでもある。ところが、いまや労働組合などの中間団体は力を失っている。地域社会も衰退している。知を共有（代行）するコミュニティがなくなっている。これまで以上に大衆の本能的・感覚的思考＝「直観システム」は直接影響を受けることになる。すでに指摘したように、政治的な知識を持たない無党派層は、有能そうな顔の持ち主に投票してしまう。「普通の人」がたまたま目にしたネット右翼的な言説に感化されてしまうのである。

深く勉強するとは部族を脱することである

「亜インテリ」もまた「バカの二乗」によって生まれる。政治的無知（環境）と「知ってるつもり」というバイアス（人間本性）がかけ合わさって生まれるのだ。逆にいえば、真の「インテリ」とは自分の無知＝バカさ加減をわきまえた存在なのかもしれない。

ところで哲学者の千葉雅也は「深く勉強するというのは、ノリが悪くなること」と指摘している（千葉雅也『勉強の哲学——来たるべきバカのために』文藝春秋、二〇一七年）。簡単に議論を紹介しておこう。環境には「こうするもんだ」という共有された「コード」（決まり、ルール）がある。職場、家庭、地元といったさまざまな環境の「コード」があるが、私たちは環境のコードに「ノリ」を合わせて生きている。しかし、千葉によれば、「勉強」とは言語を働かせることで環境のコードから「距離をとる」ことであり、「ノリが悪くなること」である。とはいっても、すべての「ノリ」から解放されるわけではなく、「ノリからノリへの引っ越し」があるだけである。

千葉は「ノリ」から自由になるためには「アイロニー」＝「ツッコミ」と「ユーモア」＝「ボケ」という二つのスキルが必要だと述べている。

（0）最小限のアイロニー意識：自分が従っているコードを客観視する
その上で、
（1）アイロニー：コードを疑って批判する
（2）ユーモア：コードに対してズレようとする

（千葉雅也『勉強の哲学』）

まず、「最小限のツッコミ意識」によって、自分と癒着（ゆちゃく）した「コード」を客観視する必要がある。そのうえでコードの根拠を問いかけて、その根拠が曖昧で無根拠であることを見出す（アイロニー）。しかし、アイロニーが過剰になりすぎると「特定の環境に依存しない」ような「現実それ自体」を追い求めてしまう。しかし「ある環境」から抜け出ても、そこで待っているのは「別の環境」でしかない。そのため「アイロニー」から「ユーモア」への「折り返し」が必要である。つまり、ユーモアによって既存のコードからズレて、別のノリへと変身する必要がある。千葉は「環境のノリに合わせているという意味での「バカ」」から「環境に対してメタになりつつ、環境のなかで特異的な存在として行為する「来たるべきバカ」」への変化が重要だとしている。

さて、このような議論を「亜インテリ」への批判として応用できないだろうか。つまり、亜インテリは「勉強」が足らないのだ。「亜インテリ」は集団やコミュニティといった「部族」の「ノリ」に合わせるためだけに「勉強」している。「共感」という「集団のノリ」に溺れ、共通の「敵」をいっせいに罵倒する。しかし、「深く勉強する」ことは「部族」の「ノリ」から「距離をとる」ことであった。「部族」の信念を相対化するために「最小限のツッコミ意識」（アイロニー）を持つ必要がある。だが、このようなアイロニーは近年きわめて評判が悪い。というのも、ネット右翼の言説が冷笑主義的で、シニカルであることがよく指摘されてきたからだ。

2ちゃんねらーは現実それ自体を求めるアイロニスト

しかし、注意すべきは、シニカルなことは何も悪いことではない、ということだ。知らず知らずのうちに身につけた「ノリ」を客観視するために必要である。むしろ、問題だったのは「アイロニー」が過剰なあまり、「現実それ自体」を追い求めたことではないか。社会学者の北田暁大はネット掲示板の「2ちゃんねる」（5ちゃんねる）のユーザーにおける「ベタな感動とアイロニカルな感性の共存」を指摘している（北田暁大『嗤う日本の「ナショナリズム」』NHK出版、二〇〇五年）。つまり、2ちゃんねるのユーザーはあらゆる出来事をネタにしてシニカルに嗤う。そのいっぽうで、アキバ系オタク青年がお嬢様との恋を成就させる『電車男』

のような物語に素朴に「感動」する。

2ちゃんねるユーザーの「アイロニー」や「シニカルさ」はマスコミや知識人への批判として有効に機能する場合があった。しかし、北田によれば、「アイロニズムが極点まで純化されアイロニズム自身を摩滅させるとき、対極にあったはずのナイーブなまでのロマン主義が回帰する」。このようなロマン的対象として見出されたのが、「ナショナリズム」だった。だが、この「ナショナリズム」は「「自分が燃える」かどうか」という基準で選ばれ、あくまでも「この私の実存の充実を担保してくれる」ものでしかない。

「アイロニー」が過剰でも「現実それ自体」に行き着くことはない。その結果「感動」や「共感」といった「実存の充実」を「現実それ自体」だと取り違えてしまう。「「自分が燃える」かどうか」という「実存の充実」が「ナショナリズム」に傾きがちなのは、すでに述べたように、リベラルよりも保守派の言説のほうが大衆の「直観」や「感情」に訴えかけるからである。

botのような人間と人間のふりをしたbot

これまでネット右翼の言説を例にとって、亜インテリが生まれる理由を見てきた。ネット右翼の言説は大衆の本能的・感覚的思考＝「直観システム」に訴えかける。また「亜インテリ」を量産しやすいように定型化＝ワンパターン化している。Yahoo!ニュースで韓国や中国に関する記事が配信されると、「国に帰れ」や「反日乙」といったコメントがすぐさま投稿される。「他者」との対話においても、相手の文脈や意図を読み取ることなく、「こうきたらこう返す」という自動的な反応に終始する。まさしく「バカのひとつ覚え」である。このような振る舞いは、人間というよりも動物やロボットに近い。実際、ネット右翼的な言説を拡散することはｂｏｔ（メッセージやツイートを自動投稿するプログラム）でも代用可能となっている。もはや「亜インテリ」は人間である必要がないようなのだ。

二〇一四年の衆議院議員選挙では安倍晋三首相（当時）が率いた自民党をネット右翼的な立場から支持する投稿をおこなうｂｏｔが観察された（ファビアン・シェーファーほか「ネット右翼と政治」『ネット右翼とは何か』）。ドナルド・トランプが勝利した二〇一六年のアメリカ大統領選挙や、ＥＵ離脱をめぐるイギリスの国民投票においても、一般ユーザーのふりをしたｂｏｔが確認された。ＳＮＳで複数のアカウントを作成し、同一のツイートを大量に自動投稿することで、フェイクニュースやデマを拡散するわけだ。たしかにネット右翼の自動的な反応や「定型化」＝「ワンパターン化」した言説はまさにｂｏｔにもってこいである。

だが、この研究で興味深いのは「ｂｏｔのようなユーザーの行動」も観察されたことである。つまり、Facebookでニュース記事を「シェア」（共有）したり、Twitterで政治家の発言を「リツイート」(拡散)する。このような振る舞いはｂｏｔと見分けがつかないようなのだ。Twitter や Facebook といった「環境」によって私たちはｂｏｔ化している。動物やロボットに近い側面が引き出されている。二〇二〇年のアメリカ大統領選挙の期間中の Twitter ではニュース記事のリンクのついた投稿をリツイート(拡散)する際に「記事を読みましたか」という注意喚起が表示されたが、それは人間のｂｏｔ化を押し留めようとするものだった。

いまや道徳感情さえあれば亜インテリになれる

ネット右翼になるためには、いびつな知識であれ、「勉強」することが必要であった。論破すべき「敵」に対して「こうきたらこう返す」と瞬時に反応するために、定型化＝ワンパターン化した言説を「直観システム」にたたき込む必要があった。しかし、いまや「道徳感情」のおもむくままに Twitter や Facebook で「リツイート」し「シェア」すればいい。定型化＝ワンパターン化した言説を「ノリ」だけで拡散することができる。「#保育園落ちたの私だ」や「#検察庁法改正案に抗議します」といったハッシュタグは「シングル・イシュー」のスローガンでありながら、徹底的に「定型化」＝「ワンパターン化」した言説でもある。「バカのひとつ覚え」にも「覚える」必要があったが、もはや「勉強」しなくてもよい。「道徳感情」さえあれば、あなたは「亜インテリ」になれるのだ。ｂｏｔのような人間、人間のふりをしたbotが「世論」をつくり上げていく。

「感情」を「動員」するためには、もはや言説である必要はない。文字よりも画像や映像のほうが効果的だろう。街中で漫画の女性キャラクターのセクハラまがいのポスターを見かけたとき、スマホで写真を撮って「♯セクハラを許さない」といったハッシュタグを付けてツイートをするだけで良い。「道徳感情」を掻き立てられた「亜インテリ」＝bot化した人間があとは拡散してくれる。もちろん、これは「フェミニズム」には貢献するかもしれない。だが、逆にこんなケースもある。

生活保護受給者を取材したテレビ番組が放送されている。よく見ると受給者は半額の牛肉を購入し、「受給額が減らされて生活が苦しいので、値引きなしの値段では買えない」と不満を口にしている。しかし、半額だったとはいえ、鶏肉や豚肉に比べて牛肉は高価である。「生活保護を受けているのに、牛肉を買うなんてけしからん」とテレビの映像をキャプチャーして、ネットで拡散を始める……。このような「炎上」が日々繰り広げられている。

繰り返すが、「許せない！」という「道徳感情」を持つこと自体はなんら悪いことではない。「道徳感情」がなければ、不平等や抑圧は放置されるままだ。しかし、「直観システム」は瞬時に反応できるが、間違いも多い。事実も誤認しやすい。本来ならば、言論活動を担う知識人や専門家は、「道徳感情」を適切に言語化し、洗練する役割を担うべきである（「推論システム」)。ときにはその誤りを指摘し、取捨選択をする必要もある。ところが、専門家や知識人のなかには大衆の「直観」や「感情」にすり寄り、「道徳感情」を掻き立てるものが増えている。しかし、そうなると「亜インテリ」(botのような人間、人間のふりをしたbot)で十分であるし、実際に専門家や知識人のインターネット上の言動の多くが「亜インテリ」に近づいている。もちろん、これはTwitterという「環境」によるものだろう。一四〇字までの文章しか投稿できないTwitterは「合理的な討論には不都合」(ヒース『啓蒙思想2・0』)であるばかりか、ユーザーを「亜インテリ」にするのである。

政治広告をカスタマイズするマイクロターゲティング

たしかに運動を広く組織するためには「大衆」の「直観」や「感情」に訴える必要がある。リベラルや左派にとって好ましい「道徳感情」もあるだろう。専門家、ジャーナリスト、知識人たちが、多くの人を「動員」しようと駆け引きしている。しかし、管理監視社会化がすすむなかで、さまざまなデータを持つ企業や政府のほうが断然有利なのではないか。

多くの人々が「動員」されたトランプ現象は記憶に新しい。FacebookやTwitterなどのSNSが無料で利用できるのは、ユーザーが自らのデータを渡しているからである。人々の「道徳感情」を利用して、言説の拡散を目指すならば、ユーザーのより多くの情報を持っているほうが当然有利となる。性別、趣味、学歴、職業などは公開している場合が多いし、「いいね！」や「シェア」の履歴からその人の趣味嗜好(しこう)やパーソナリティも把握できる。であれば、Amazonで検索履歴から「おすすめの商品」が表示されるように、私たちの政治信条にあったニュースが表示されてもおかしくない。管理監視社会化において犯罪を犯す可能性の高い人物を検知できるのだとしたら、自らの政党に投票する潜在的な支持層も発見できるはずである。

二〇一六年のアメリカ大統領選挙で、トランプ陣営の選挙キャンペーンを担当したイギリスのデータ分析会社「ケンブリッジ・アナリティカ」（大統領主席戦略官であったスティーブ・バノンが元役員、以下ＣＡと呼ぶ）が八七〇〇万人もの個人データをFacebookから不正に入手し、ロシアにそのデータが流失した恐れがある、と報じられた。ＣＡはさまざまな個人データを収集しＡＩに分析させ、それぞれの有権者のパーソナリティや政治的傾向にカスタマイズされた政治広告を発信していたとされる。たとえば、激戦が予想される選挙区では自陣営に投票する可能性が高い浮動層を割り出してフェイクニュースを流したり、相手陣営の支持者に投票を控えさせるキャンペーン（投票抑制）をおこなっていた。とはいえ、有権者一人ひとりの詳細なデータを活用してより効率的に支持を取り込む手法は「マイクロターゲティング」と呼ばれ、二〇〇八年の大統領選でバラク・オバマ陣営が積極的に活用したことで知られている。

ＣＡはＥＵ離脱をめぐるイギリスの国民投票でも同様の「世論操作」をおこなったとされる。選挙結果に与えた影響については議論の余地があるようだが、この問題を追及したＮＨＫの取材班は「政治広告の影響の程度を正確に測ることは難しい。しかし確実に有権者の投票行動に影響を与える広告は存在する」と結論づけている（ＮＨＫ取材班『ＡＩ vs. 民主主義——高度化する世論操作の深層』ＮＨＫ出版新書、二〇二〇年）。

ＣＡを内部告発した元社員のクリストファー・ワイリーによれば、軍事コンサルタント会社ＳＣＬ（ケンブリッジ・アナリティカの親会社）は旧植民地の国々にＳＮＳを通じて「世論操作」をおこなっていた（クリストファー・ワイリー『マインドハッキング——あなたの感情を支配し行動を操るソーシャルメディア』新潮社、二〇二〇年）。たとえば、トリニダード・トバゴでは当局から個人情報の提供を受けて治安維持のプロジェクトを進めたり、ナイジェリアの大統領選挙にも介入したという。またＳＣＬはＩＳＩＳ（イスラム国）などの過激派対策も請け負っており、過激派やその支持者たちを特定し、テロ行為を未然に防ぐために通信を遮断したり、過激派への参加を抑制する情報を発信していた。つまり、なんのことはない。西欧諸国が旧植民地の国々におこなった「世論操作」や「情報戦」が、スティーブ・バノンらに悪用されてアメリカの過激派（白人至上主義者、オルタナ右翼）を形成するために用いられた、というわけである。

世論操作とはウィルス／ワクチンを撒くことだ

さて、興味深いのはワイリーが「世論操作」を「公衆衛生」に喩えて次のように述べていることだ。

現実の世界で選挙運動がどう変わるのか理解したいのなら、公衆衛生問題を考えると分かりやすい。伝染病が発生すれば、まずは一番感染しやすい赤ちゃんと老人にワクチンを打って免疫を与える。続いて看護師、医師、教員、バス運転手となる。たとえ彼らが倒れなくても、病原菌を社会全体に広くまき散らす恐れがあるからだ。同じような戦略を取って文化を変えることも可能だ。過激主義への抵抗力を高めたいならば、三つのステップを踏む。第1に、情報兵器——個別にカスタマイズしたメッセージ——に〝感染〟しやすいグループを見つけ出す。第2に、伝染性ナラティブに影響されやすい特性を明らかにする。第3に、ワクチンとして対抗ナラティブを流布させる。理屈のうえでは逆の戦略——社会に過激主義を吹き込む戦略——も可能だが、私にとっては関心外だった。

（クリストファー・ワイリー『マインドハッキング』）

ここで注意すべきは、ワクチンはウィルスでもあり、ウィルスはワクチンでもあるということだ。過激派を抑制する「世論操作」は過激派をつくりだすこともできる。ワイリーによれば、ハッキングはシステムの脆弱性を突くものだが、人間の「脆弱性」となるのが「認知バイアス」である。なかでも最も利用できるのが「怒り」である。人間は怒りにかられると「合理的な説明を求めなくなり、無差別に懲罰的な行動に走る」からだ（感情バイアス）。また、アメリカでは白人至上主義者を生み出すために、Facebookにフェイクページを作成し、ユーザーグループが一定数集まるとオフ会などのイベントを企画したという。このように人口全体のほんの一部を「感染」させ、あとは陰謀論やフェイクニュースが「ウイルスのように拡散していく」のを見れば良かったという。

ワイリーらは本書が繰り返し指摘したポピュリズムの「脆弱性」——「認知バイアス」「怒り」「集団分極化」——を突くことで、「世論操作」をおこなったわけである。キャス・サンスティーンは「マイノリティによる部族主義＝集団分極化の活用とリバタリアン・パターナリズム」を支持していた（第2章を参照）。たしかにサンスティーンがいうように、これらはマイノリティを含めて多くのひとに利益をもたらすものだろう。しかし、ワイリーらは非マイノリティ（白人至上主義者、オルタナ右翼）のために「部族主義＝集団分極化の活用とリバタリアン・パターナリズム」を利用したわけである。大衆の「直観」や「感情」を利用する危険性はこの点にある。

さて、二〇二〇年のアメリカ大統領選挙でドナルド・トランプは敗北したが、選挙結果に不満を持つトランプ支持者たちは国会議事堂を襲撃し、多数の死傷者を出した。いうまでもなく、支持者たちのおこないは愚かであるし、非難に値するものだ。しかし、襲撃をけしかけたトランプ元大統領はなんの責任も取らされなかった。トランプは「道徳感情」を掻き立てて「大衆」を「動員」したが、自らの都合が悪くなれば「動員」した「大衆」を切り捨てたわけである。

煽動的な指導者は人心をつかむことに経験的に長けていた。しかし、いまやこのような科学的な知見は蓄積され、ビジネス書を通じて一般レベルに広く知られている。たとえば、「壁を建設しろ！」「ヘドロをかき出す」などトランプが常用したフレーズはCAの研究が活用された可能性がある。本書の知見をまとめると、魅力的で有能そうなルックスを持つ指導者が、異なる民族や人種を共同体の利益にただ乗りする「敵」と非難する発言をTwitterでおこなえば、一国内ではそれなりの人が「動員」される（もちろん、国際的なリベラルからは非難が集まるだろうが）。そして、このような人物が殉死（じゅんし）するなど、自らの命をもって信念を示せば、さらに人々が「動員」される恐れがある。もちろん、逆のパターンとして、有名な芸能人が人種差別や動物愛護を訴えたり、ヴィーガンといったライフスタイルを実践すれば、多くの人がリベラルな行動を模倣するようになる。

第6章

部族から自由になるために

政治的無知は解決可能だが、部族主義は難しい

ここまでの議論を振り返っておこう。「みんな政治でバカになる」とは、「人間本性」によるバカ（認知バイアス）と「環境」によるバカ（政治的無知）とがかけ合わさった状況のことだ。

まずほとんどの人が政治的無知＝バカである。大衆は自らの生活にしか興味を持たない。自らの意思が政治に反映されない無力感がある。そのため政治に関心を持つことができず、政治的に無知＝バカになってしまう。また、自ら手を汚す実感を持たないために、目の前に苦しむ他者があらわれない限り、政治がもたらす抑圧や不平等に無関心なままである。

もちろん、これは「民衆は愚かだ」と決めつける愚民思想ではない。私たちは他者や環境に依存し、その影響を受けやすい。たとえば、熟議民主主義には討議（熟議）を成立させる条件を整備する発想があった。自らの意思が政治に反映される実感を持つ「環境」を整えれば、私たちは政治について「勉強」する。

くわえて、私たちは「認知バイアス」ゆえにバカな言動をとってしまう。とりわけ政治において問題になるのが「部族主義」である。仲間かどうかを直観的に判断し、自らの仲間だと認めたものをひいきする傾向である。部族の指標は固定されていないが、人種、民族、性別、年齢がその指標となりやすい。当然ながらしばしば差別の原因となってしまう。また、「部族主義」を満たすために勉強する「亜インテリ」が存在する。彼らの政治的知識は偏り

やすく、フェイクニュースや陰謀論の温床となる。

インターネットをはじめ私たちを取り巻く「環境」は部族主義を増長させている。かつては「生活」に追われる「大衆」に代わって、政党やコミュニティが政治的な判断を代行していた。しかし、いまや管理監視社会化がすすむなかで、理性に基づく対話をおこなう「市民的公共性」は衰退し、マイノリティ／非マイノリティによる集団分極化＝部族主義が隆盛を極めている。「直観システム」に直接働きかけるSNS、とりわけTwitterを利用して多くの人の「感情」を「動員」する「ポピュリズム」である。もはや「勉強」しない「亜インテリ」が「道徳感情」のおもむくままに情報を拡散している。

日本をふくめた先進諸国では経済成長がいきづまり、グローバリゼーションの影響で中産階級が没落し、貧富の差が拡大している。その結果、「民主制資本主義」（リベラル・デモクラシー）が危機におちいり、資本主義と民主主義の対立が生まれている。経済政策の決定は効率的な統治を求めるエリートに独占され、民主主義的な干渉が及ばなくなっている。「論証や討議」そのものを空無化する話法が蔓延し、理性に基づく対話が意味をなさなくなっている。このような政治状況において、デモや集会もしくは選挙を通じて「正統性」を求める民主主義的な運動が起こるのは当然だろう。そして、「所得」や「階級」を「われわれ」の指標として「大きな一歩を踏み出」す「革命」が必要だと私は考えている。すでに指摘したように

「民族」や「人種」のほうが直観的に訴えかけやすい。しかし、「文化」は「遺伝的傾向」を抑え込んだり、別の方向へ差し向けたりすることが可能である。とはいえ、そのためにはリアルなコミュニティや集団の形成など粘り強い取り組みが必要となるし、昨今の「環境」を考えると、左派はしばらく少数精鋭でやるしかない。

だが、そのいっぽうで、大衆の「直観」や「感情」ばかりに訴える政治には問題があるとも思っている。「直観システム」は瞬時に反応できるが、間違いも多い。私たちは「認知バイアス」ゆえに「バカ」げた言動をとってしまう。そして、なによりの問題は、人間の認知の「脆弱性」としてつけ込まれやすく、私たちの言動が簡単にコントロールされてしまうことだ。

もちろん、一人の指導者に簡単に洗脳され、行動が操られる、という考えは陰謀論めいている。実際には過激派に「感染」させるニュースもあれば、「感染」に対抗する言説も流されている。たくさんの政治家、専門家、知識人、メディアなどがより多くの人を「感染」させようと駆け引きしているのが現状だろう。しかし、「みんな政治でバカになる」というタイトルを「許せない！」と感じて、本書を手に取ってしまった読者もいるのではないか。その程度には、私たちの「道徳感情」はつけ込まれやすく、コントロールされやすい存在なのである。

政治的無知（バカ）と認知バイアス（バカ）がかけ合わさったあり方を「大衆」と呼んできた。注意すべきは、私たちにはみんな「大衆」的な側面が少なからずある、ということだ。認知バイアス自体をなくすことは難しいし、現在の政治制度においては、ほとんどの人が政治的無知である。であれば、私たちの「バカ」な言動を利用されないためにも、「みんな政治でバカになる」ことを認めたうえで、自らの「バカ」の使用方法を学ばなくてはいけない。

人間本性に基づく現実主義はシニカルである

ところが、近年の政治運動に批判を向けるとすぐに「冷笑主義だ」という声が返ってくる。「冷笑主義」という批判は、政治運動に誠実にコミットしていないという「フリーライダー非難」の典型であって、たしかに多くの人の「直観」や「感情」に訴えかけやすい。しかし、シニカルなことになんら問題はない。自分自身と一体化した「道徳感情」（コード）を客観視するための「最小限のツッコミ意識」（アイロニー）は必要である。すでに指摘した「人間本性」から派生する問題を無視して、「ポピュリズム」を単に肯定するだけならば、それは「バカ」の居直りにすぎないだろう。

とはいえ、「みんな政治でバカになる」というタイトルにイラッとした人も多いはずだ。進化心理学や脳科学など「人間本性」への科学的知見が反発を招くのは、人間の能力を見定める視線にどこかシニカルさがつきまとうからだ。人間にとってできること／できないこと、簡単なこと／難しいことを冷静に分析して、現実主義的な判断をおこなう。たとえば、認知科学者のスティーブン・ピンカーは、学会代表の地位からの除名を求める請願運動が起きるなど、フェミニストなどから大きな反発を浴びてきた。たしかに脳科学や進化心理学を用いる論者は、人間のさまざまな行動に「進化論的基礎づけ」があることを強調して、「男性はしょせんオスなのだ」「人間の正義はチンパンジーの正義にすぎない」といった暴露する論法をとりやすい。そのほうが読者の「直観システム」に働きかけられるからである。彼らの知見は本書でも存分に利用させてもらったが、エコロジーやフェミニズムへのピンカーの筆致に見られる、嘲笑うようなシニカルさは私でさえちょっと気分が悪くなる。

ところで、興味深いことに、哲学者のペーター・スローターダイクは「大審問官」がシニカルな主体であると指摘している。大審問官は「「人間」を経験的に捉え、また人間が生き残るために必要な政治制度の在り方を人間の性状から導き出す実証主義的な政治学の創始者」である（ペーター・スローターダイク『シニカル理性批判』高田珠樹訳、ミネルヴァ書房、一九九六年）。つまり、人間は無力でか弱く、非力である、という「仮借ない人間学的洞察」が「人間は欺かれねばならず、また欺かれることを望んでいる」という現実主義的でシニカルな政治態度に大審問官を導いてしまう、というわけだ。

しかし、「「人間」を経験的に捉え、また人間が生き残るために必要な政治制度の在り方を人間の性状から導き出す」こと自体はなんら間違っていない。数多くの社会実験の失敗が示すように、私たちの「遺伝的な傾向」からかけ離れすぎた政治は失敗する可能性が高い。だからといって、「か弱く非力な人間」を「管理」する効率的な「統治」という「大審問官」の方向にそのまま向かうべきではなく、シニカルな政治態度からの「折り返し」がポイントなのである。重要なのは、シニカルとバカのあいだなのだ。

私たちはロングリーシュ型のロボットである

最後に、本書が利用してきた新しい「人間」像の知見をまとめておこう（以下の記述はキース・E・スタノヴィッチ『心は遺伝子の論理で決まるのか――二重過程モデルでみるヒトの合理性』椋田直子訳、みすず書房、二〇〇八年を参考にしている）。

進化生物学者のリチャード・ドーキンスが「利己的な遺伝子」と表現したように、私たちは遺伝子が自己複製するための「乗り物」である。遺伝子を複製するために生存や繁殖をおこなう。それだけでなく、血縁関係のある個体を助けるために命を投げ出すようにプログラムされている。たとえば、ミツバチは女王バチを守るために敵を攻撃し、死にいたる。ほとんどのケースにおいて「遺伝子」と「乗り物」の目的は一致するが、このように「遺伝子が自身の利益のために乗り物を犠牲にする」ケースが存在する（スタノヴィッチ『心は遺伝子の論理で決まるのか』）［図16］。

私たち人間は遺伝子の複製という目的がプログラムされた「ロボット」である。しかし、環境の変化に対応できる複雑な知性を有した「ロボット」である。このことは火星探査機の例でよく説明される。地球上の操縦者との距離が遠ざかると、探査機を直接操縦することが難しくなる。操作するための通信にかかる時間が、適切な動作をおこなうための猶予時間を上回るためだ。そのためNASAの技術者たちは、細かな動作を逐一指示して制御する「ショートリーシュ」（短い引き綱）型ではなく、より一般的な目的と柔軟な知性を与えて自己制御させる「ロングリーシュ」（長い引き綱）型に移行せざるをえなかった。わかりやすくいうと、ショートリーシュ型の制御が「ああしろこうしろ」であるならば、ロングリーシュ型の制御は「よきにはからえ」である（吉川、前掲書）。

人間は「ショートリーシュ型」から「ロングリーシュ型」へと進化したロボットだと考えられている。このような柔軟な知性を獲得したことが、私たち人間が遺伝子の指図に逆らって、自らの目的を追求することを可能にした［図17］。そのわかりやすい例が、コンドームを使用するなど避妊手段を講じたセックスである。私たち人間も、遺伝子を拡散するために繁殖活動をおこなうようにプログラムされている。しかし、遺伝子からの指示は「○月○日○

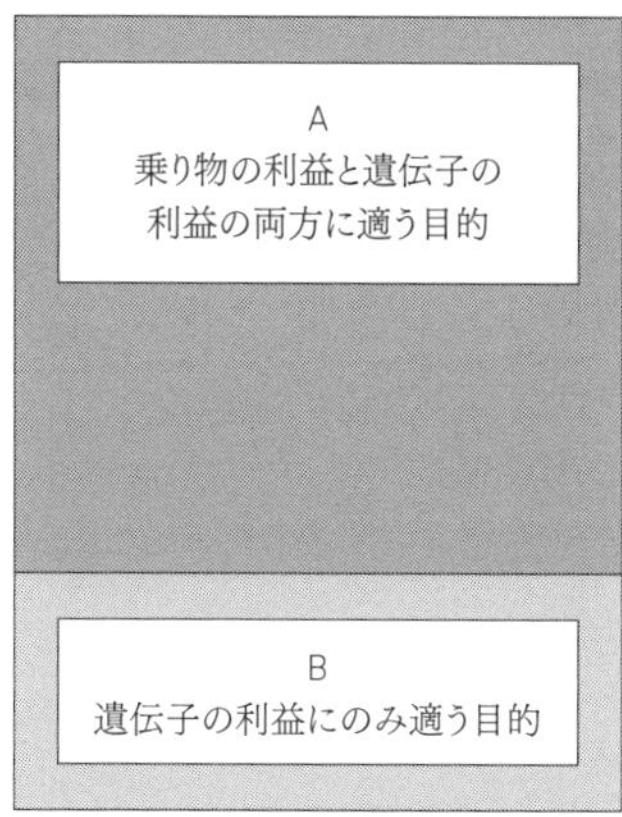

図16　ハチの目的構造。乗り物と遺伝子の利益と一致する部分と一致しない部分を示す
出典：キース・E・スタノヴィッチ『心は遺伝子の論理で決まるのか』の図をもとに再構成

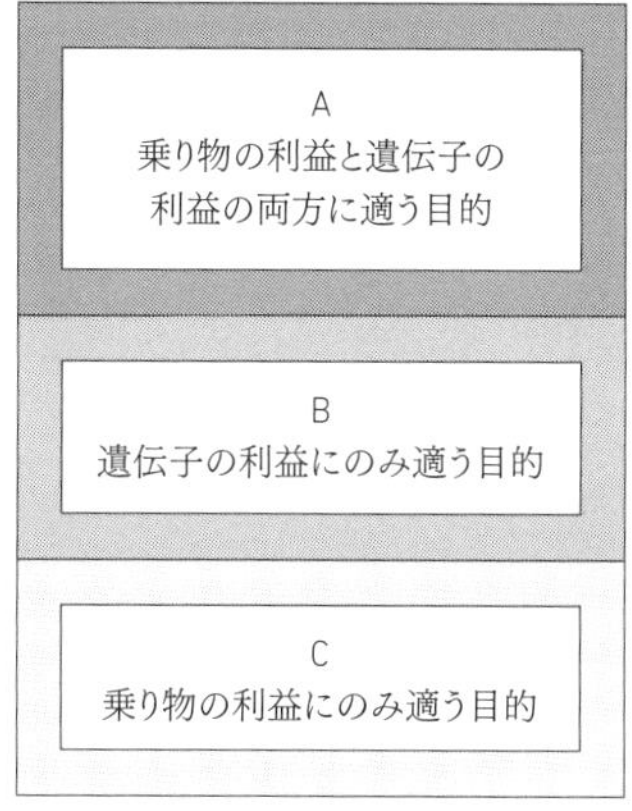

図17　ヒトの目的構造。乗り物の利益のみの部分が存在する
出典：キース・E・スタノヴィッチ『心は遺伝子の論理で決まるのか』の図をもとに再構成

時〇分に〇〇と性交する」（ショートリーシュ型）ではなく、「生存や生殖という目的にしたがい、最適な行動を取りなさい」（ロングリーシュ型）になる。ここまで目的が一般的になると、遺伝子の目的と乗り物の目的には「ギャップ」が生じる。避妊手段を講じたセックスは、乗り物に利益（快楽）をもたらすが、遺伝子の目的（複製）からは離れたものとなる。

大衆的な思考が大衆に利益をもたらすとはかぎらない

二重過程理論の「直観システム」と「推論システム」はそれぞれ「ショートリーシュ型」と「ロングリーシュ型」に当てはまる。キース・スタノヴィッチは次のような図にしている［図18］。図を見れば分かるように、「直観システム」は「推論システム」に比べて、遺伝子の利益にのみ一致する領域が多い。そのために大衆の本能的・直観的思考が大衆自身に利益をもたらすとはかぎらないのだ。

「直観システム」は人類が小さな群れで狩猟採集生活をしていた一八〇万年前から一万年前の時代（更新世）に獲得されたと考えられている（進化的適応環境）。このような「環境」において「直観システム」にしたがえば、遺伝子の複製という目的に適（かな）った行動をとることができる。しかし、狩猟採集時代と現代社会では「環境」はまったく異なっている。たとえば、部族主義は小さな群れで生活するために必要であったと考えられるが、多種多様な人びとが暮

直観システム
目的が反映するのは

A
遺伝子の利益

B
遺伝子の利益と
乗り物の利益が一致

C
乗り物の利益

推論システム
目的が反映するのは

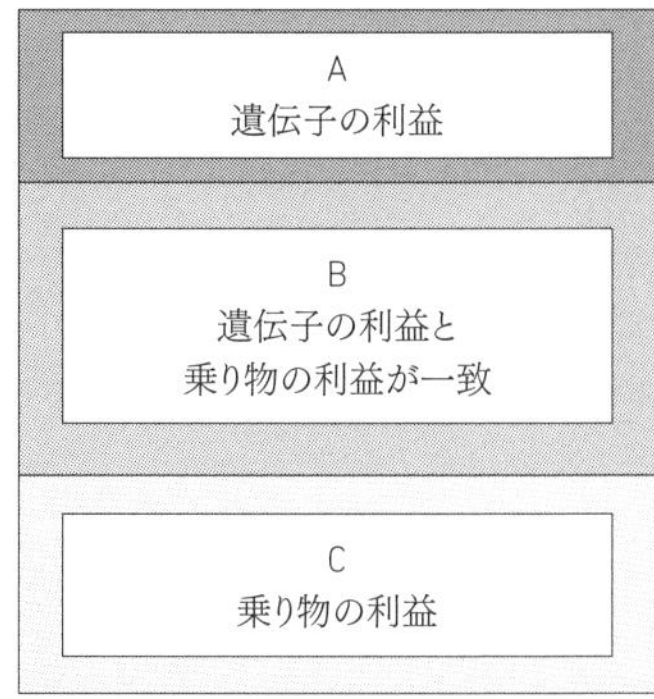

図18　直観システムと推論システムの目的構造。それぞれの領域の割合が異なる
出典：スタノヴィッチ、前掲書の図をもとに再構成

らす現代社会においては、差別を引き起こしてしまう（拙著『「差別はいけない」とみんないうけれど。』）。また、かつては脂肪分や糖分は貴重な栄養源であった。そのため私たちは油っぽいものや甘いものを好んで摂取する傾向があるが、ファーストフード店ばかりの現代社会においては肥満などの生活習慣病をもたらしてしまう。

　であれば、「直観システム」ではなく「推論システム」をなるべく働かせればいい、という話になる。しかし、そう単純に行かないのは、古いシステム（ショートリーシュ型）のうえに新しいシステム（ロングリーシュ型）が付け加わったために、古いシステムの制約を常に受けることだ。つまり、「推論システム」は「直観システム」の影響を受ける。「認知バイアス」によって私たちは「バカ」な言動を起こしがちなのは、これまで見てきた通りである。

模倣本能が文化を生み出し、文化が人類をさらに進化させた

とはいえ、人間が遺伝子のくびきから逃れることは当然のように思えるかもしれない。私たちには「文化」があるからである。避妊手段を講じたセックスも「文化」のひとつである。たしかにスタノヴィッチも教育や訓練の効果を認めている。先ほどの図をもう一度見て欲しい［図18］。「直観システム」には乗り物の目的に適う領域がわずかだが存在している。私たちは教育や訓練によって取るべき行動を「直観システム」のレベルにまでたたき込んできた。「文化」を築きあげることで「環境」を大きく変化させてきた。

二重継承説（文化‐遺伝子の共進化）では「文化」が遺伝的な進化で大きな役割を果たした、と考えられている（以下の記述はジョセフ・ヘンリック『文化がヒトを進化させた』を参考にしている）。私たちには「無意識かつ反射的に相手を模倣してしまう傾向」がある。とくに、信望を集める優秀な成功者、性別や民族性などが共通する人物、集団内の多数派を模倣する傾向がある。何世代にもわたって模倣が繰り返されると、「文化」が蓄積され、環境に適した道具やノウハウが生み出される（累積的文化進化）。その結果、さらに遺伝的進化が進んで道具やノウハウ

を改良できる高い能力を持った個体が増える。すると、さらに文化進化が進んで……というように、文化的進化と遺伝的進化の相互作用によって、ヒト特有の心理や身体がつくられていった、というわけである（文化が特定の遺伝的な進化をもたらした例として、乳糖耐性＝ラクターゼ活性持続が知られている）。

たとえば、人間の「長寿」はこのような「文化」の重要性を物語っている。遺伝子の観点から考えれば、生殖機能を失った個体が生存することには意味がない。しかし、人間（とりわけ女性）は生殖機能を失った後も何十年も生存する。ヘンリックによれば、高齢個体（祖母）が蓄積した「文化」的情報を若い親族に伝えることで、孫（子孫）の生存率を高めるからだと考えられている。

私たちは有害無益なことさえ模倣する動物である

「文化」は私たちの遺伝的傾向を抑え込んだり、上書きしたり、別の方向へと差し向けたりできる。しかし、厄介なのは、私たちに害をもたらす寄生的でジャンクな「文化」も存在するということだ。ヘンリックも「文化進化の過程で、だれにとっても有害無益な社会規範が生まれて、すっかり根づいてしまう」ことを認めている（死者の脳を食す葬儀が観察されるが、病気の感染の恐れがある）。また、著名人が自殺すると、後追い自殺が増えることが知られている。

これらは私たち人間の強い「模倣本能」が原因となっており、ヘンリックは「自己利益にも、その遺伝子の利益にも明らかに反することまで模倣する動物」と呼んでいる（ヘンリック、前掲書）。

私たち人類は遺伝子の複製という目的以外に自らの命を犠牲にする種である。民族や宗教といった「文化」のために命を投げ出したり、他人を殺したりする。しかし、逆にいうと、「文化」が自らを複製＝繁殖するために、私たちを利用しているだけではないのか。

さて、スタノヴィッチは私たちに不利益をもたらす「文化」を「科学的推論」と「合理的思考」によって吟味することを提案している。これからスタノヴィッチの主張を紹介するが、注意すべきはミーム論が用いられていることだ。「ミーム」は文化進化における遺伝子に該当する「自己複製子」である（リチャード・ドーキンス『利己的な遺伝子』日高敏隆、岸由二、羽田節子、垂水雄二訳、紀伊國屋書店、一九九一年）。模倣を通じて繁殖（自己複製）する。専門誌が発刊されるなどミーム論はかつて流行したが、さまざまな批判を受けて現在は衰退している。スタノヴィッチがミーム論を用いたのはこのような時代的な背景がある（原著は二〇〇四年に刊行）。

これまで紹介してきたジョセフ・ヘンリックなど文化進化の研究者たちは「ミーム」という用語を使用しない。二重継承説においては、遺伝子と類比される「ミーム」という「自己複製子」をわざわざ持ち出さなくても、「累積的文化進化」を説明できるためだ（中尾央『人

間進化の科学哲学――行動・心・文化』名古屋大学出版会、二〇一五年）。

とはいえ、哲学者のダニエル・デネットのようなミーム論の熱心な擁護者も存在する。デネットによれば、ミーム論が衰退した理由について、自称ミーム論者が誇大な主張をおこなったこと、文化進化の研究者がドーキンスの評価を避けるためにミームの使用を嫌ったこと、人文系学者による批判キャンペーンがあったことを挙げている（ダニエル・C・デネット『心の進化を解明する――バクテリアからバッハへ』木島泰三訳、青土社、二〇一八年）。ここではデネットによるミーム論の再評価（「第十章 ミームの目からの視点」および「第十一章 ミーム概念の難点」『心の進化を解明する』）を参考にしつつ、スタノヴィッチの議論を紹介する。

ミームは家畜化されることで刺激を失う

「ミーム」は文化進化における遺伝子に該当する「自己複製子」である（ドーキンス『利己的な遺伝子』）。模倣を通じて繁殖（自己複製）する。ミームの代表的な例として「この手紙を五人に送らなければ、あなたに不幸が訪れる」といった「不幸の手紙」が知られる。「不幸の手紙」が恐怖心を煽ることで繁殖（自己複製）するように、嘘やフェイクであっても、利益がなく有害であっても、宿主を獲得する優れた特徴があれば拡散される。とはいえ、ミームの多くは宿主に利益をもたらす。たとえば、車輪、微積分、チェス、脱構築、直角三角形、アルファペットなども「ミーム」であり、私たちの知的能力を高めてくれるものだ。

ミームは知らず知らずのうちに感染し、変異する「ウィルス」に喩えられる。人々の模倣本能を利用して、繁殖（自己複製）し、そして変異していく。とはいえ、「文化」のなかには「自然選択」＝「差異化を伴う複製」ではなく、明確な意図を持ってデザインされた事物が多く存在する。デネットはダンスを例にして「自然選択」から「デザイン」への移行を説明している。

（1）まず人々の間で「感染性のあるリズムに乗る娯楽」が生まれる。人々は気に入った動作を互いに模倣する。
（2）次にダンスに意図的な修正が加えられ、繁殖＝自己複製が意識的に制御される。野生動物が好ましい性質を持つ個体だけが選別されて家畜化されるように、ダンスの家畜化が始まる。
（3）最終的には専門的な振付師（ミームエンジニア）によって、明確な意図を持ってダンスがデザインされる。

（1）では、ダンス・ミームは「感染性のある悪しき習慣」である。

(2)では、宿主たちによってダンス・ミームの有益さが認められ、その繁殖が保障される。「飼育する価値」が認められた「家畜化されたミーム」となると、人々を「感染」させるための「刺激や、抗し難い魅力や、人を虜にする力や、鮮烈さや、忘れ難さ」が失われていく。(3)の段階に到れば、科学、芸術、建築、文学といったハイカルチャーがそうであるように、ミームは明確な意図を持ってデザインがなされる。価値が認められたものが採用され、次世代に伝えられていく。取捨選択(飼育)のために、大学、美術館、図書館といったさまざまな制度もつくられる。家畜動物が野生で生存困難であるように、「家畜化されたミーム」も管理されなければすぐに絶滅する。デネットは「家畜化されたミーム」として複式簿記、三角法、現代音楽、現代芸術を挙げているが、たしかにダンス・ミームにおいても「暗黒舞踏」の面白さをわかる人はやはり少ないだろう。

とはいえ、「文化」は明確な意図を持った「デザイン」ばかりではない。宿主がウィルスに気づかれないままに感染するように、「サブミリナル調整」というべき、私たちの意識に上らない、長い時間をかけた変化が存在する。「態度や道徳的価値といった、ある文化の最も象徴的な独自性が、緩やかすぎて知覚されないほどのペースで、軟化、硬化、浸食、破砕などを受けうる」のである。たとえば、世界の近代化(リベラル化)といった現象はまさにそうである(いっぽうで「近代化の感染」に対してアーミッシュのように一貫して抵抗するミームも存在する)。

ミームのあいだには「自己複製をめぐる絶え間ない競争」が存在し、「著作家、芸術家、作曲家、レポーター、コメンテイター、広告業者、教師、歴史家、スピーチ代筆業者などの専門家」らが明確な意図を持ってデザインする「ミーム工学的な発明品」は「突発的な流行、ファッション、発音の変化、流行語」など「作者なきミーム」との競合を強いられる。もちろん、このなかには「亜インテリ」が拡散するフェイクニュースや、ケンブリッジ・アナリティカによってカスタマイズされた政治広告も存在するわけである。

ジャンクで寄生的なミームを推論システムでチェックする

私たちは遺伝子とミームの二つの自己複製子の「乗り物」である。そして、遺伝子と同じようにミームも自らを拡散するために乗り物を犠牲にするケースがある。自爆テロは宿主を殺してしまうが、インターネットを通じて模倣者を生み出す(「殉教」は文化の最大の伝達方法である)。「自由、民主主義、真理、共産主義、ローマカトリシズム、イスラム教」といった「ミーム複合体」(多くのミームからできたミーム)のために私たちは命をかけて闘う。しかし「乗り物」として使い捨てされているだけかもしれない。さらに厄介なのは、このような「ミーム」が教育や訓練を通じて、もしくは知らず知らずのうちに私たちの「直観システム」にまで叩き込まれていることだ[図19]。私たちの「道徳感情」はまさにそのひとつである。そし

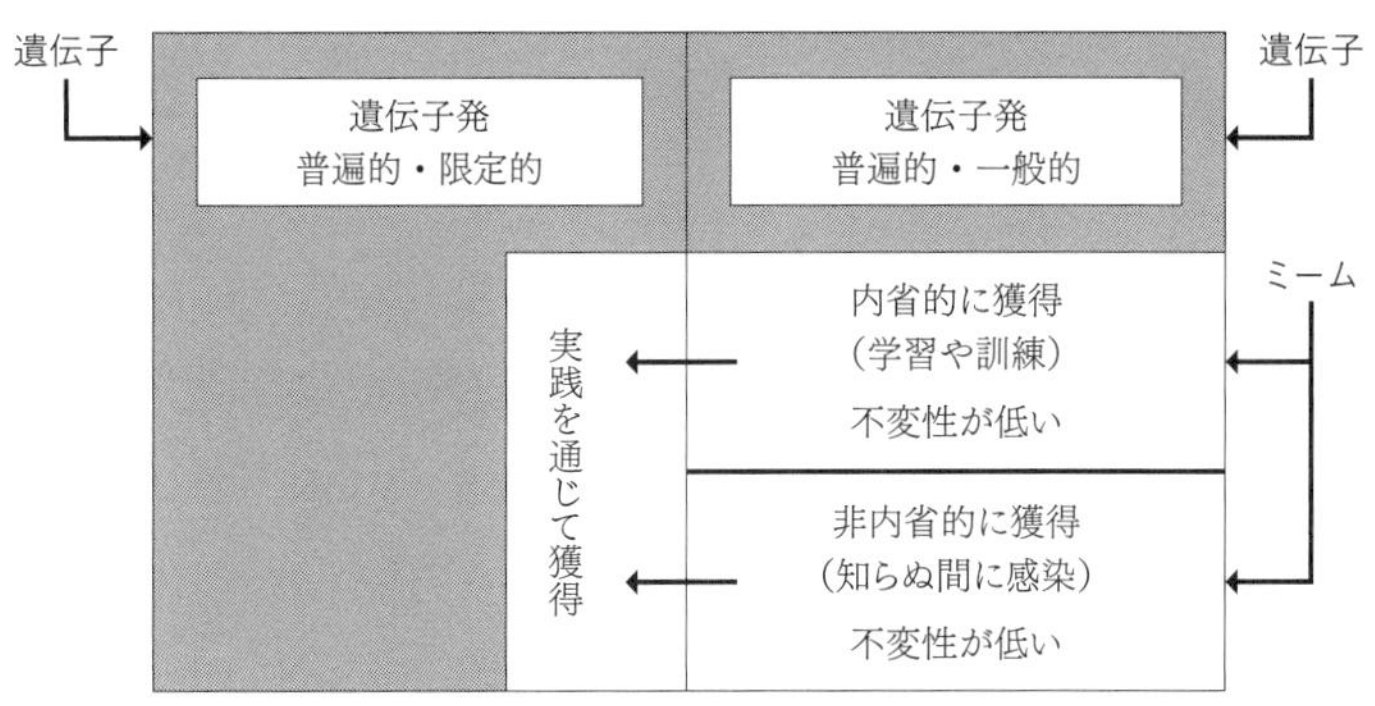

図19　遺伝子とミーム目的が直観システムと推論システムにどのように分布しているか、図にしたもの
出典：スタノヴィッチ、前掲書の図をもとに再構成

て、フェイクニュースや陰謀論は「道徳感情」に寄生するジャンクなミームである。

さて、スタノヴィッチは私たちに犠牲を強いる「ミーム」を避けるために「合理性」の回復を唱えている。つまり、世界を正しく認識し（認識的合理性）、目的を達成するために最適な行動を起こすだけでなく（道具的合理性）、ある行為の目的それ自体が正しいかどうかを問う「合理性」を備えることである（メタ合理性）。そのためには「合理的思考」や「科学的推論」を用いて、乗り物にとって有害であったり、将来他のミームへ改宗することを妨げたり、「合理的思考」や「科学的推論」を拒否するミームを避けることを提案している。たとえば、危険薬物の使用、無防備なセックス、タバコ、戦争を煽る言説、早過ぎる妊娠、学業の放棄、カルト教団への入信、陰謀論などなどである。

たしかにこれらの「ミーム」は、「合理的思考」や「科学的推論」といった「家畜化されたミーム」が失った「刺激や、抗し難い魅力や、人を虜にする力や、鮮烈さや、忘れ難さ」を持っている。

スタノヴィッチの提案はミーム論の立場をとらなくても、十分に応用可能だといえる。「合理的思考」や「科学的推論」といった「推論システム」を働かせることで、現代の環境には適さない「遺伝的な傾向」や、有害無益な「文化」をチェックしろ、というわけである。

部族から自由になる方法を学ばなくてはいけない

とはいえ、個人ひとりで「推論システム」を働かせて、「直観システム」にまで根付いた「礼節」＝「文化」(ミーム)を選別することにはやはり限界がある。それゆえに「合理的思考」や「科学的推論」は「集団的なプロジェクト」だったのであり、「他者」との理性的な対話に基づく「市民的公共性」において「メタ合理性」が発揮されるべきであった。そこにはより良い生を追求する目的もあれば、社会の秩序を防衛する目的もある。しかし、私たちには異なる他者と向き合えるほどの強さはなく、同じ価値観を持つもの同士で集まりやすい。その結果、ジョシュア・グリーンの提案（「オートモード」と「マニュアルモード」の切り替え）と同じように、「エリート」と「大衆」による「分業」に行き着いている。

つまり、「直観システム」のままに生きる「大衆」は「刺激や、抗し難い魅力や、人を虜にする力や、鮮烈さや、忘れ難さ」を持つ「危険薬物の使用、無防備なセックス、タバコ、陰謀論」などのジャンクな「ミーム」に寄生されやすい。たいして、「社会全体の幸福」を目指して管理監視社会化が進められ、ジャンクで寄生的な「ミーム」は不健全で不適切なものとして排除されている。残念ながら、スタノヴィッチの提案には、陰謀論やフェイクニュースなどを排除し、「安心・安全」を求めてクリーンな社会を目指す管理監視社会化とどこか通じるところがある。しかし、私たちが「バカ」な言動を引き起こす（ジャンクなミームに寄生される）にしても、「か弱く非力な人間」を「管理」する効率的な「統治」という「大審問官」の方向にそのまま向かうべきではない。ワクチンはウィルスでもあるのであって、ジャンクで寄生的なミームを排除する「公衆衛生」は「世論操作」に容易に反転する。シニカルな政治態度からの「折り返し」がポイントである。

とはいえ、「他者」と向き合い、みずからの「礼節」＝「文化」を批判できる自立的・自律的で合理的な個人になることはやはり難しい。私たちはあくまでも他者や環境に依存し、その影響を受けやすい。しかし、そのような中途半端な能力しか持たなくても、「推論システム」を発揮できる「環境」を自分自身で整えることはできる。たとえ、そこにあるのは別の部族であるとしても、部族から自由になる方法を私たちは「勉強」することができる。

むしろ、スタノヴィッチの提案で重要なのは、「われわれ」という「部族」を相対化し、批判する視点を与えてくれる点である。私たちはある集団やコミュニティのなかで生まれ育つ。そして、政治にかぎらず新たな知を獲得しようとすれば、何かしらの集団やコミュニティに参入しなければならない。すべての知を網羅することなんてだれひとりとしてできない。私たちが「合理的思考」や「科学的推論」を利用できるのも、このような信念を持つ「部族」にたまたま生まれ育ち、参入できたからにほかならない。この偶然性を忘れてほかの部族の信念を「有害無益」だと断じるだけでは、もうひとつの「部族主義」と変わらなくなる。そもそも「合理的思考」や「科学的推論」が有効な道具となるのは、それらが「ミーム」自体を批判的に問い直す「ミーム」だからである。

バカの居直りとシニカルな冷笑主義のあいだ

バカの居直りでもなく、シニカルに嗤う冷笑主義でもない。重要なのは、その「あいだ」である。その「あいだ」とは「ドヂ」な存在である。

すでに述べたように、評論家の呉智英は「すべからく」の誤用を指摘することで、「亜インテリ」＝バカだと暴露してきた（第5章を参照）。「すべからく」の誤用をめぐって評論家の上野昻志と論争をおこなっている（『バカにつける薬』）。上野昻志は呉智英がエーリッヒ・フロム『自由からの逃走』を下敷きにしていることを指摘する。フロムによれば、共同体から解放された個人は、みずからの「自由」に不安を覚え、「権威」に服従してしまう。このような「権威主義的パーソナリティ」は、第一次世界大戦後の経済危機によって没落し、ナチズムを熱烈に支持した「小さな商店主、職人、ホワイトカラー労働者」などの「下層中産階級」に見出せるものだった。「権威主義的パーソナリティ」には権威に単に服従するだけでなく、「権威に挑戦し、「上から」のどのような影響にも反感をもつ傾向」があり、「心理的には彼らは結局反逆者である」。

呉智英は『自由からの逃走』を知識人批判として読み替えたわけである。「すべからく」を誤用する論者の多くは戦後民主主義を批判している。しかし、彼らの批判は戦後民主主義から疎外されたからに過ぎず、所詮は「反権威を大義名分にする権威亡者」にすぎない。その象徴が「すべからく」の誤用である、と。注意すべきは、そのような論者の多くが、一九六八年の学生運動にコミットしたり、シンパシーや支持を表明した知識人であったことだ。たしかに一九六八年の運動に参加した学生の多くが、大学の大衆化によって生まれた「プチブルジョワジー」階級（中間層）であり、彼らの唱える革命は自らの階級の没落の不安に象（かたど）られたものだった。

対して、上野は次のように批判している。呉智英は「ことばの選択」を「心理主義的」にしか見ていない。書くという行為には「書き手の心理的要因」だけでなく「書かれつつあることばそのものを律していく統辞法的な力を初めとする、もろもろの力」が働くはずであり、「書くという場の力学」を理解していない、と。のちに「ポモ」と揶揄される「ポストモダン」的な観点から上野は反論している。

ところで、興味深いのは、呉智英自身が早稲田大学に在籍していたときは、学生運動の活動家であったことだ。活動家時代の呉はマンガ評論誌『漫画主義』（石子順造、菊地浅次郎（山根貞男）ほか編集）にジョージ秋山のギャグ漫画『パットマンX』について短い論考を寄稿している（名義は本名の新崎智「パットマンXの痛苦を知れ」『漫画主義』4号）。ここではその内容を簡単に紹介しよう。

主人公の小学生「ちん平」は正義の使者「パットマンX」に変身する。しかし、子供たちからは「あそびのジャマをしないでくれよ」と邪険に扱われ、「ドヂ」な失敗を笑われている。呉はそんな「ちん平」に「心から共感をもち、それ故にケンオをこめた憎悪を感じる」という。

呉が両義的な思いを抱くのは、ちん平が「ドヂ」だからである。呉によれば、「バカ」と「ドヂ」はまったく異なる。「バカ」への笑いは「自分はバカではないという安心」から生まれ、「バカに対するケイベツ」が込められている。「バカ」は「本来すべきことを期待できない」のに対して、「ドヂ」は「本質的に本来すべきであることをしない」。そのために「ドヂ」への笑いには「バカに対する笑いよりもはるかに強度のケイベツと、そして憎悪を内包している」。

「ドヂ」と「バカ」について呉智英は吉本隆明の「大衆の原像」を参照している。つまり、バカとは知識人から大衆に向けられた「笑い」であるのに対して、「ドヂ」とは大衆から知識人に向けられた笑いである。「バカ」よりも「ドヂ」への笑いに強度の「ケイベツ」と「憎悪」が込められるのは、「関東大震災の弾圧、南京大虐殺」といった「大衆」の「残酷」さそのものだからである。

では、なぜ知識人は「ドヂ」なのか。それは本来の「テンポ」から「ズレ」た存在だからである。ジョージ秋山にはテンポがズレている忍者を主人公にした『テンズレ』という作品がある。マルクス主義の影響が指摘される漫画家白土三平の『ワタリ』のパロディマンガである。つまり、ちん平も子供たちの「遊び」のテンポからズレた存在だからこそ、その「ドヂ」が笑われるのだ。

さて、興味深いことに、この論考を寄稿した一九六八年に、呉は詩人の清水昶(あきら)、小説家の金井美恵子らとの座談会に出席し、活動家としての自分の「ドヂ」な失敗を披露している。

ぼくの場合には、あれはおとどしの横須賀であった原潜闘争の時のことなんですけれども、要するにデモが前でつまずいたわけですよね。まあドジな話で。それでころんで、逃げてくるときだから、五、六人バタバタバタバタと上へ乗って、全然自分であがいても逃げられない。けっきょく、そのとき女の子が一人きて、肩へ手を入れて引っ張ってもらうとズルっと抜けたんです。

（栗田勇『青春の軌跡――対談 その思想と情念』三一書房、一九六八年）

つまり、呉智英はちん平のように「ドヂ」として嗤われる立場であったわけである。それゆえ「共感」と「憎悪」が入り混じる両義的な思いを抱いたのだった。たいして「すべからく」をめぐる論争で上野昂志が指摘したかったのは、書くという行為には「書き手の心理的要因」だけでなく「書かれつつあることばそのものを律していく統辞法的な力を初めとする、もろもろの力」が働くゆえの「ドヂ」な失敗がある、ということではないか。ここには呉智英の「転向」とも呼べる変化がある。つまり、「ドヂ」な失敗を「バカ」（亜インテリ）と見なし、シニカルに嘲笑していったわけである。

トランプ現象をはじめポピュリズムを支持しているのは、グローバリゼーションの影響を受けた先進諸国の下位中間層である。あまり学歴の高くない製造業などに従事してきた人々である。彼らがリベラル・デモクラシーをもはや支持せずに「ポピュリズム」に走るのは、その恩恵にあずかれなかったからである。たしかに彼らはエーリッヒ・フロムの『自由からの逃走』で分析された「下位中間層」に近い（吉田徹『アフター・リベラル』）。心理的には反逆者でありながら、強い指導者に服従する「権威主義的パーソナリティ」を持つ。そして「直観」や「感情」に赴くままに「部族主義」に陥っている。そのために「バカ」げた言動をとってしまう。そのいっぽうで、「人間本性」に関するシニカルな知見はポピュリズムが「本来すべきことを期待できない」という「バカ」であると暴露する。

「ドヂ」が「バカ」と読み替えられたように、「バカ」から「ドヂ」を生み出すことはできないか。かつて「テンポ」が「ズレ」た「ドヂ」とは多数派（大衆）から離れた少数派による部族主義＝集団分極化のことであった（だから集団分極化には利点もある）。しかし、小さな集団の内部でも同じ「テンポ」が共有されれば、「バカ」げた言動が生まれてくる。しかもいまやマイノリティ／非マイノリティの部族主義が流行している。ならば、そのような「部族」自体の「テンポ」から「ズレ」るのが「ドヂ」な存在である。

呉智英が「テンポ」が「ズレ」た「ドヂ」について語ったとき、社会学者のカール・マンハイム『イデオロギーとユートピア』をひそかに参照していたと思われる。マンハイムによれば、「知識人」とは「相対的に無階級な階層」である。というのも、「教養」は「身分」や

「階級」の違いを超えるツールだからである。知識人は「階級」から「自由」に「浮動」できるがゆえに、特定の「階級」に急進的にコミットする。「階級のはえぬきのメンバー」からは「一定の不信の念」を向けられるために、より一層狂信的に「コミット」する。一見「無節操」に見える知識人の振る舞いをマンハイムはこのように説明している。この背景にあるのは、階級闘争がおこなわれた第二次大戦前のドイツであった。では、いま「階級」を「部族」と読み替えてみてはどうか。

「知識人」は同じく「中間層」とみなされた。彼らが政治的に急進化するのも、階級的に没落する不安に苛まれるからだろう。しかし、彼らは「教養」を「勉強」することで「部族」から「自由」になる機会に恵まれていた。かつて「立身出世」と言われたように「教養」は地縁や血縁といった「部族」からみずからを切り離す手段だった。もちろん、「部族」から「自由」になったとしても、そこにあるのは別の「部族」である。当然ながら、かつて学生や知識人が「大衆」の観点から厳しく批判されたように、それ自体が「部族」になる可能性がある。たしかにインターネット上の専門家や知識人の振る舞いをみると、同じ「ノリ」を共有する「部族」に成り果てている。「道徳感情」に訴えかけるばかりで、なかには「安全・安心」を求めるクリーンな管理監視社会化と同調して、思想の「公衆衛生」につとめるものもいる。

であれば、「教養」それ自体からも「自由」になる「教養」が必要だろうし、「部族」ならざる「部族」にならなければならない。もちろん、「部族」から「自由」になった人々は「ドヂ」な振る舞いによって、「部族」の「はえぬきメンバー」からは「不信の念」を抱かれ、「異分子」として排除されるし、「残酷」に嗤われる。というのも、コミュニティや集団の多数派は「テンポ」が「ズレ」ることをなによりも恐れているからだ。バカの居直りでもなく、シニカルな冷笑主義でもない。そのあいだとして、ドヂな存在が求められている。

あとがき

本書は晶文社のウェブメディア「晶文社スクラップブック」で二〇一九年二月から連載した「オルタナレフト論」を加筆修正したものである……と本当は書きたかったのだが、すぐに更新が滞りがちになり、長らく放置していた。二〇二一年に連載を一旦中止し、ほとんど最初から書きあげたのが本書である。執筆中にいくつかの雑誌から依頼をいただいたので、本書のアイデアを再利用させてもらった。とはいっても、内容はかなり違っているので、興味ある読者は検索してほしい。

このような経緯があるため、コンセプトが大きく変わってしまった。当初は「時事的な政治問題をネタにして、左翼をもう一度考えてみよう」だったが、「知識人と大衆という古めかしい問題を現代風にアレンジしてみた」に落ち着いた。かつて言論活動に参加できたのは一部の知識人だけだった。しかし、いまや誰もがインターネットでいっぱしの知識人を気取って発信している。それは政治がさらに大衆化した、ということでもある。知識人と大衆という問題はまだまだ使えるのではないか、と思ったのだった。

私はどちらというと文芸批評の本を好んで読んできたし、そういった文章を書いてきた。が、昔のような書き方をしなくなった。もしかつての私ならば、最近のリベラルや左派が疎外論でヒューマニズムでモラリズムっぽいところが、テクノロジーへの過度な期待や社会主義への素朴な信奉も含めて、かつての『近代文学』（一九四六年に創刊、同人に荒正人、平野謙など）っぽいな、と感じたりするので、そんな内容の批評を書いたかもしれない。しかし、本書では簡単に指摘するだけに留めている。二十代の頃の私の文章を知る読者からすれば、本書の文体や進め方に違和感を感じるはずだ。その違和感は私自身も感じていて、連載を書き進められなかった理由だと思う。とはいえ、（前著に続いて）最終的にこのかたちを採用した。

大学院生だった二〇一二年に『子午線 原理・形態・批評』という同人誌をはじめた（創刊号は一三年二月に刊行、同人は春日洋一郎、長濱一眞、のちに石川義正が入った）。最初は小さなミニコミ誌を想定していたが、話がどんどん大きくなり、最終的には一般書店で流通するようになった。現在まで六号を刊行しているが、現代詩と文芸批評がおもな内容である。とはいっても、私がやったことは人と人をつなげたぐらいで、編集方針は年配の同人のアイデアに依ることが多く、知識もない若輩者の私はいろいろと教わる立場だった。とくにインタビューでは小説家、詩人、文芸批評家、活動家から直接話を聞いたことはとても面白い経験だった。

インタビューしたひとりに「だめ連」という左派集団で活動した詩人の究極Q太郎がいる（『子午線』第六号、書肆子午線、二〇一八年）。「だめ連」は一九九二年に早稲田大学出身の神長恒一とぺぺ長谷川が結成し、「お金がない、仕事がない、仕事が続かない、コミュニケーションがうまくいかない」という自分の「だめ」さを「こじらせない」ことを掲げたグループで、マスメディアの注目も集めてテレビ朝日系番組「ビートたけしのTVタックル」にも出演した。

「だめ連」の主な活動はデモやイベントに参加し、不特定多数の人々と「交流」し「トーク」することにあったが、そこで目指されたのは「論破」でも「オルグ」でもなかった。「あまり他人と接することなく暮らしている」と、「オレってけっこう頭いいんじゃないか」「わりといけてるんじゃないか」といった根拠のないプライドが生まれてくる。しかし、他者と「交流」し「トーク」することで「へボいプライド」がことごとくくずされて、「「おれって全然大したことないんだ！」と完膚なきまでに思わされる」という「マゾヒスティックな爽快感」を感じることだった（だめ連編『だめ！』河出書房新社、一九九九年）。そして、「ホント、人間って大差があるなあ」と思い知らされ、「世界の拡がりを感じつつ、自分の世界も拡がっていく」という「可能性」を楽しむことだった。

「マゾヒスティックな爽快感」を求める活動は、メンバーの多くが自立生活を送る障害者の介助者だったことも関係する。究極Q太郎は次のように書いている。障害者が主体であり、介助者は障害者に「やってほしい」と言われたことだけをやる。決してその言葉を先回りしてはならない。介助者は障害者の「手足」なのである（介助者手足論）。たとえば、多くの健常者は、言語障害を持つ障害者が目の前にいても、その介助者とコミュニケーションを取ろうとする。しかし、「手足」である介助者はコミュニケーションを拒否する。というのも、「健常者同士でコミュニケーションがおこなわれてしまう、そのつつがなさの中にこそ無自覚な障害者排除」があり、自立生活を行う障害者は「異邦人」になりつつ、「たえざる問題提起を社会にうながしている」。そして「介助者である僕もまた、かれらにつき合うことによって、街の中で異邦人となるのだ」と（「芸術における徒党よ、ばんざい」『現代詩手帖』二〇〇一年七月号）。

一九九〇年代の日本はバブル崩壊後の不景気で就職率も低下し、フリーターや非正規労働者が増加した。またグローバリゼーションによって製造業が海外へ移転し、下位中間層が厳しい状況に置かれた。中間層が没落すると政治的に急進化する。「われわれ」の地位を維持しようと、「あいつら」を蹴落とす「部族主義」が生まれやすい（第1章）。また「ディベート」がブームとなった結果、大衆の「直観」や「感情」に訴えかけやすいネット右翼言説が量産された（第5章）。

「だめ連はだめではない」という批判が当時からあった。たしかに中心メンバーの多くが、大学卒業という高学歴であり、東京在住の男性である。しかし、「貧しい人民が立ち上がって革命を起こす」というストーリーは美しいけれど、あまり現実的ではない。「生活」を維持するだけで精一杯な人間に政治運動をする余裕は当然ない。「生活」に比較的余裕があり、時間に自由がきく人間がやるしかない。

つまり、「だめ連」のメンバーも「没落」する中間層であった。しかし、その「没落」を「だめ」として「こじらせ」ず、むしろ、みずからの「だめ」さをマゾヒスティックに快楽しつつ、資本主義に抵抗せんとするグループだった。その活動は「敵」を論破して「部族主義」を掻き立てる「ディベート」と真逆であるだけでなく、「逞しさ」とは異なる「部族」から自由になる方法を示している。おのれの特権性を「反省」したり、「疚しい良心」を持つことは簡単だが、それとは別の「快楽」や「欲望」を見いだすことはとても難しい。インタビューを通じて「だめ連」をはじめとした活動家の考えや生き方に魅了されるいっぽうで、しかし、その「快楽」や「欲望」は彼らの特異なキャラクターに依ることが多く、私のような「普通の人」が実践するのはきびしい、とも感じていた。そして、その方法をなるべく一般化したいと思って書いたのが本書だった。

時代の最先端を走っていたつもりが、振り返ると誰もついてきていない、というのはよくある話だ。すると「能力が足りない」「モラルがない」といった問題になる。さらにひどくなると「民衆は愚かだ」「やはりバカなのだ」と決めつける愚民思想に行きつく。このような振る舞いは左派やリベラルにもよく見られるが、はっきりいって罠だと思う。

本書で扱った「人間本性」についての知見はとくに目新しいものではない。むしろ、ビジネス書などを通じて世間に浸透しつつある一般的な言説ばかりである。右派や保守派が左派の政治理論や市民運動のノウハウを学習し、その方法を横領して勢力を拡大してきたことはよく知られている。であれば、左翼も「敵」から学ぶ必要があるのではないか。残念ながら、現在は左翼よりも資本主義のほうが「大衆」を「心理的にキャッチ」していることは明らかだからである。

日本大学芸術学部で特別講義をした際に、お声がけいただいた編集者の安藤聡さん、前著に引き続きすばらしい装丁をデザインしてくださった文平銀座の寄藤文平さんと古屋郁美さんに感謝申し上げます。

二〇二一年六月

橘玲

綿野恵太 わたの・けいた

1988年大阪府生まれ。

出版社勤務を経て文筆業。

詩と批評『子午線 原理・形態・批評』同人。

著書に『「差別はいけない」とみんないうけれど。』(平凡社、2019年)、

論考に「谷川雁の原子力」(『現代詩手帖』2014年8-10月)、

「原子力の神 ── 吉本隆明の宮沢賢治」(『メタポゾン』11)などがある。

みんな政治でバカになる

2021年 9月30日　初版

2021年11月 5日　2刷

著　　者　綿野恵太

発 行 者　株式会社晶文社

東京都千代田区神田神保町 1-11

〒101-0051

電話　03-3518-4940(代表)・4942(編集)

URL https://www.shobunsha.co.jp

印刷・製本　中央精版印刷株式会社

ISBN978-4-7949-7275-0 Printed in Japan

好評発売中

99%のためのマルクス入門　田上孝一　〈犀の教室〉

1対99の格差、ワーキングプア、ブルシット・ジョブ、地球環境破壊……現代社会が直面する難問に対する答えは、マルクスの著書のなかにすでにそのヒントが埋め込まれている。『資本論』『経済学・哲学草稿』『ドイツ・イデオロギー』などの読解を通じて、「現代社会でいますぐ使えるマルクス」を提示する入門書。

ふだんづかいの倫理学　平尾昌宏　〈犀の教室〉

社会も、経済も、政治も、科学も、倫理なしには成り立たない。倫理がなければ、生きることすら難しい。人生の局面で判断を間違わないために、正義と、愛と、自由の原理を押さえ、自分なりの生き方の原則を作る！　道徳的混乱に満ちた現代で、人生を炎上させずにエンジョイする、〈使える〉倫理学入門。

人生ミスっても自殺しないで、旅　諸隈元

人生ミスったら、自殺しなければならない。絶望と失意のもと、夢破れた男が出かけた欧州独り旅。道に迷った彼に贈られた言葉は「エンジョイ」。ヴィトゲンシュタイン情報蒐集家兼小説家兼法律事務所アルバイターは、なぜ自殺しないで生きのびたのか。語りえぬ体験談を語り尽くす哲学的紀行エッセイ。

デカルトはそんなこと言ってない　ドゥニ・カンブシュネル

「近代哲学の父」などと持ち上げられながら、その実デカルトほど誤解されている哲学者はいない。見かねて立ち上がったデカルト研究の世界的権威が、私たちの誤解に逐一反駁を加えながら、デカルト本来の思考を再構成する。デカルトが言ってたのはこうだったのか！　硬直したデカルト像を一変させるスリリングな哲学入門。

もう革命しかないもんね　森元斎

革命の最前線は〈日常〉にあり。福岡のとある里山地域に移住した哲学者・アナキストは、どのように「生活」を哲学＝行為していったのか。拠点づくり／食料の確保／料理／日常のずらし方／お金の秘密／子育てと教育…日常に根差した哲学を実践的、かつ等身大のことばで語る、実践的ゆるゆる「生活の哲学」入門講座。

すべて名もなき未来　樋口恭介

本を読むこと、物語を生きることは、未来を創ることと同義である。未来は無数にあり、認識可能な選択肢はつねに複数存在する。だからこそ、わたしたちは書物を読み、物語を生き、未来を創造せねばならない。ディストピア／ポストアポカリプス世代の先鋭的SF作家・批評家が、無数の失われた未来の可能性を探索する評論集。